# Die perfekte Hochzeitszeitung

Juliane Keyserling

# Die perfekte Hochzeitszeitung

Mit Vorlagen-CD

südwest

# Inhalt

7    Die Hochzeitszeitung

8    Einige Worte vorab

## Die Planung

10    Die Zeitung planen

12    Das Zeitungsteam

14    Das Layout

22    Die Bildauswahl

24    Die Bindung

## Die Gestaltung

26    Die Gliederung

34    Das Brautpaar

38    Hinweise zum Lesen der Hochzeitszeitung

## Zeitungsgleich

40    Hochzeits-Kolumne

42    Von unseren Reportern – kurz notiert

44    Telefon-Aktion

46    Kulturnews

48    Gesund und fit

50    Ideen, Rat & Hilfe

52    Horoskop

54    Zwangsversteigert

## Mit allen Sinnen

56 Junggesellen kochen scharf

57 Short- und Longdrinks für »(b)laue« Stündchen

58 Hochzeitsmahl und Brauchtum

59 Wurzelwerk und Liebeszauber

60 Lukullische Mahlzeiten

61 À la Liebes-Carte

62 Sinnliche Ehe

64 Sinnlich Schönes


## Die Kunst der Ehe

66 Grüße aus der Ferne

67 Festreden

68 Partnertest

70 Aktuelles vom Tage

72 Auf's Wort geschaut: Ehe und Familie

73 Eheratgeber

74 Nach der Hochzeit

77 Gedichte, Sprüche und Zitate

# Die Hochzeitszeitung

Eine Hochzeitszeitung machen ist viel schöner, als Sie jetzt denken.
Und Ihr Ergebnis kann sich sehen lassen!

## Wozu eine Hochzeitszeitung?

Eine Hochzeit ist ein fröhliches Fest. Gut gelaunte, verliebte Brautleute, froh gestimmte Brauteltern und Großeltern, eine erwartungsfrohe Gästeschar aus Verwandten, Bekannten, Freunden finden sich zusammen, um ein unvergessliches, möglichst einmaliges Ereignis im Leben von Braut und Bräutigam zu feiern – den Tag, an dem sie sich trauen. Die Braut im Hochzeitsstaat, der Bräutigam in edlem Zwirn, die Gäste in festlicher Kleidung, dazu die geschmackvoll dekorierte Tafel, goldbeschriebene Tischkärtchen, Menükarten voller Köstlichkeiten, sanfte romantische Musik – all das schafft diese rundherum gefühlsbetonte Atmosphäre, die sich Brautleute für den schönsten Tag im Leben wünschen.

Und mitten hinein in diesen Himmel voller Geigen platzen die besten Freundinnen und Freunde und präsentieren eine Hochzeitszeitung mit gesammelten Liebenswürdigkeiten, frechen Sprüchen, schwülstigen Versen, charmant frisierten Fotos, kiloweise Ratschlägen, trefflichen Karikaturen, vorwitzigen Humoresken, liebevoll getexteten Kleinanzeigen, Selbstgereimtem, sogar Gedichtetem, humorigen Psychotests, karikierenden Pointen, kurzum: einem Kaleidoskop von Witzigem, Charmantem, Unmöglichem und Freundlichem, das die vereinte Freundesschar den Brautleuten auf den gemeinsamen Lebensweg mitgeben will.

Von Kamasutra bis Kaltspeise, von Bettgeflüster bis Bettenmachen, von Diätbier bis Diadem – nichts ist zu ausgefallen oder auch zu banal, um es nicht in einer Hochzeitszeitung zu veredeln. Schließlich wünscht man ja den Brautleuten nur das Beste – und dies sollte dann auch hier seinen Niederschlag finden.

Sie stehen vor der großen Aufgabe, eine gelungene Hochzeitszeitung zaubern zu wollen oder zu sollen? Dieses Buch gibt Ihnen Anregung für Hochzeitszeitungen, die den Brautleuten ebenso wie den Gästen Freude und Spaß bereiten. Im Buch und auf der CD finden Sie Vorlagen und Tipps. Einiges wollen Sie vielleicht direkt in Ihre Zeitung übernehmen. Anderes wird Ihre Fantasie beflügeln und Anregungen für persönliche Beiträge bieten, die nur Sie für dieses Paar schreiben können.

# Einige Worte vorab

Einige erläuternde Worte vorab, damit beim Zeitungsmachen alles rasch und reibungslos in die entsprechenden »Spalten« kommt.

## Wie kommen Text und Bild zusammen?

Die Zeitungsmacher – also Redaktion, Bildbeschaffung und Grafik – müssen Hand in Hand arbeiten, damit Inhalt und Form, also Text und Layout, optisch gut zusammenpassen. Je besser diese Abstimmung funktioniert, umso mehr Freude werden Sie am Zeitungsmachen haben.

Im Kapitel »Planung und Durchführung« auf Seite 10–24 werden alle notwendigen Grundlagen erläutert: von der Bildung einer Redaktion über die Hilfsmittel wie Seitenplan und Zeilenraster bis hin zum technischen Know-how mit Druck, Bindung und allem anderen, das das Machen einer Zeitung erleichtert. Hier finden Sie auch Tipps – und sogar Tricks! – von Profis.

Im Kapitel »Gestaltung und Gliederung« auf Seite 25–38 geht es um die grundlegenden

Unterschiede von Tageszeitung und Illustrierter. Beide Zeitungsformen eignen sich als Hochzeitszeitung. Lassen Sie sich von den »Basics« wie Inhaltsverzeichnis, Impressum und Darstellung der Herkunft der Brautleute überraschen und zu eigenem Tun inspirieren!

Was nicht alle wissen: Eine Hochzeitszeitung kann vor, während und nach der Hochzeit fertig gestellt und ausgeliefert werden. Auf die Möglichkeit, die Zeitung vor oder während/nach der Hochzeit, also als »Zeitung danach«, herauszubringen, geht dieses Buch durchgängig ein. Und die Seiten 74 bis 76 sind gänzlich der Herstellung während/nach der Hochzeit gewidmet.

Nun müssen Sie oder die »Redaktion« sich nur noch ans Werk machen.

Viel Freude beim Zeitungsmachen!

# DIE PLANUNG

Es dauert immer alles etwas länger als gedacht!
Beginnen Sie daher rechtzeitig mit der Planung
und den Vorbereitungen.

# Die Zeitung planen

Für eine Hochzeitszeitung gibt es nur einen Erscheinungstermin: den Hochzeitstag. Davon geht man gemeinhin aus. Doch es gibt auch die Möglichkeit, Teile der Festzeitung noch während und nach der Hochzeit fertig zu stellen und aktuelle Beiträge von den Feierlichkeiten einzuarbeiten; dann wird sie später verteilt. Wie auch immer: Sie sollten auf jeden Fall rechtzeitig einen Terminplan aufstellen und mit der Arbeit beginnen. Denn es dauert doch letztlich immer alles länger, als man zunächst vermutet.

## Der Terminplan

Um gemeinsam eine Hochzeitszeitung zu machen, ist ein Terminplan unerlässlich. Da es einiges zu bedenken und vieles zu besorgen gilt und das Endprodukt optisch und inhaltlich etwas hergeben soll, brauchen Sie schon allerlei Logistik und ein gut organisiertes, engagiertes »Redaktions«-Team. Beginnen Sie daher rechtzeitig zu planen und die Aufgaben zu verteilen, denn wenn Sie sich an die Arbeit gemacht haben, werden Sie rasch feststellen, wie schnell die Zeit bis zum großen Ereignis verfliegt.

## Terminplan

### 3 Monate vorher

**Der Hochzeitstermin steht fest – Erstes Treffen der Redaktion**

- Format und Umfang der Zeitung festlegen
- Brainstorming: Liste der Themen, Art der Bebilderung
- Liste der potenziellen Beitrags- und Fotolieferanten aufstellen
- Folgende Aufgaben verteilen
  - → Layout machen
  - → Schreiben von Beiträgen (»Redakteure«)
  - → Anfragen von Beiträgen (»freie Redakteure«)
  - → Besorgen von Fotos, Vignetten usw.
  - → Zeichnen von Illustrationen
  - → ggf. Materialbeschaffung (Papier, Bindung etc.)
  - → ggf. Preisanfragen für Druck und Bindung in Copyshops und Druckereien

## 2 Monate vorher

**Zweites Treffen der Redaktion**

- Gesammelte Beiträge, Fotos und Illustrationen durchsehen
- Probelayout diskutieren
- Themen prüfen, ggf. aussortieren oder neue hinzunehmen
- Weiteres Vorgehen diskutieren und festlegen
- Druck und Bindung festlegen

## 1 Monat vorher

**Drittes Treffen der Redaktion**

- Fertiges Layout ansehen und evtl. letzte Details ändern
- Gesammelte Beiträge durchsehen und in den Seitenplan einordnen
- Fehlende Beiträge energisch anmahnen
- Fotos und Illustrationen auswählen, den Textbeiträgen zuordnen und platzieren
- Ggf. Ablauf der Hochzeitsfeier (auch der Trauungszeremonie) und das Menü bei Brautpaar/Brautmutter oder Hochzeitsmanager erfragen und in die Zeitung einarbeiten
- »Zeitung danach«: Themen für die aktuellen Beiträge von der Hochzeit festlegen, Platz auf den Seiten exakt aussparen und Redakteure für Interviews und Themen sowie Fotograf(en) mit Digital- oder Polaroidkamera beauftragen (s. Seite 37 und Seite 75). Wird die Zeitung auf der Hochzeit als Unikat fertig gestellt, können nur Fotos eingeklebt werden, die Artikel müssen vorher gedruckt sein.

## 2 Wochen vorher

**Viertes Treffen der Redaktion**

- Die Zeitung »steht«; ein Probeausdruck wird beurteilt
- Fehlende Texte nicht mehr anmahnen; Ersatztexte oder -bilder einfügen
- Letzte Änderungen und Korrekturen

## 1 Woche vorher

**Die Zeitung ist fertig!**

*Erfahrungsgemäß wird eine Hochzeitszeitung erst einen Tag vor der Hochzeit fertig. Wann auch immer – am Hochzeitstag muss sie vorliegen!*

# Das Zeitungsteam

Eine Zeitung ohne Redaktion – unvorstellbar! Denn es empfiehlt sich auf jeden Fall, die »verlegerische« Arbeit auf mehrere Schultern zu verteilen. Sicher wollen Sie selbst die Koordination übernehmen und sich »Ihre« Redaktion zusammenstellen. Da das Erstellen einer Zeitung ein gewisses Maß an Aufwand und Fertigkeiten erfordert, brauchen Sie dazu vor allem Menschen, die über »besondere« Kenntnisse verfügen: einen guten Schreibstil, einen flotten Zeichenstrich, gute Computerkenntnisse oder ein versiertes Fotografenauge. Außerdem sollten sie Ihnen sympathisch sein – das erleichtert die Arbeit.

## Die Redaktion

Am Anfang genügt ein »harter« Kern von hoch motivierten Mitarbeitern, die sich zu einem ersten Gedankenaustausch zusammenfinden. In der ersten Redaktionssitzung werden die »Ressorts« aufgrund der Vorlieben und Fähigkeiten verteilt. Sie werden sich wundern, welche Begabungen hier zu Tage treten! Denn manch verschämter Reimeschreiber oder Kalauertexter gibt sich jetzt erst zu erkennen.

Folgende Einteilung der Ressorts ist denkbar:

→ **Koordinator**
hat den Terminplan fest im Blick und reagiert sofort auf jede Verzögerung.

→ **Chefredakteur**
hat den Etat und die Schlagzeilen fest im Blick, schreibt auch selbst (meist den Leitartikel).

→ **Textchef**
bei ihm kommen alle Texte zusammen, die er ggf. auch »redigiert«; schreibt auch selbst, wo Texte zu kurz sind oder ausfallen.

*Der Koordinator der Zeitung muss für alle Mitarbeiter per Telefon und E-Mail gut erreichbar sein.*

→ **Bildchef**
bei ihm kommen alle Bilder zusammen.

→ **Layouter/Gestalter**
erstellt das Layout der Seiten und fügt Text und Bild zusammen.

### Checkliste für das Wann und Wie

○ Format der Zeitung (s. Seite 14)
○ Gestaltung der Zeitung (s. Seite 26)
○ Fotos: schwarzweiß oder farbig
○ Illustrationen:
  schwarzweiß oder farbig
○ Anfertigung:
  → Unikat als Geschenk für das Hochzeitspaar
  → Vervielfältigung für die Festgesellschaft
○ Fertigstellung der Zeitung
  → vor der Hochzeit
  → teils vor/teils während der Hochzeit
  → teils vor/teils nach der Hochzeit
○ Technisches Vorgehen
○ Höhe der Kosten (Etat)

Welche Verteilung der Ressorts Sie auch vornehmen: Wichtig ist, dass es immer einen so genannten »Ressortleiter« gibt. Bei ihm oder ihr laufen die Dinge zusammen, und er oder sie hat den Überblick über alle Aktivitäten in diesem Bereich.

Zunächst muss Ihr Team Format und Ausstattung der Zeitung festlegen, sich über den Inhalt austauschen, Ideen für Themen sammeln und über Möglichkeiten nachdenken, wie all dies umzusetzen ist.

Die »Zeitung danach«, die auf der Hochzeit verteilt wird, erfordert besonders exakte Vorbereitung. Die Artikel müssen geschrieben und ausgedruckt sein; dazwischen halten Sie Plätze für die Polaroidfotos und Zeichnungen frei, die hier eingeklebt werden. Daher kann eine solche Zeitung immer nur ein Unikat für das Brautpaar sein.

Sobald feststeht, welche Arbeiten der »harte« Kern übernimmt, können Sie daran gehen, die übrigen Beiträge und Fotos für das Hochzeitsblatt außerhalb des Redaktionskreises zu sammeln. Schreiben Sie eine 5-spaltige Liste, in die Sie das Thema des Beitrags, die gewünschten Fotos, evtl. andere Dinge sowie den oder die »Lieferanten« und den vereinbarten Termin eintragen. Verwandte, Freunde, Bekannte und Kollegen von Braut und Bräutigam sind die idealen Ansprechpartner. Oft kennen sie wiederum andere Leute, die spezielle Beiträge liefern können. Namen und

*Planen Sie für die Kontaktaufnahme und bis zum Eintreffen der Rückmeldungen ausreichend Zeit ein. Oft muss mehrmals nachgehakt werden, bis die zugesagten Beiträge eintreffen – erfahrungsgemäß kommt nur ein Drittel pünktlich.*

Telefonnummern erfragen Sie bei einem Vertrauten des Brautpaares oder dem Hochzeitsmanager. Sorgen Sie dafür, dass jedes Mitglied Ihres Teams eine Kopie dieser Listen hat; das erspart Ihnen unendliche Telefoniererei.

## Die Verteilung der Zeitung

Legen Sie rechtzeitig fest, wie die Zeitung verteilt wird. Wenn sie erst am Hochzeitstag oder gar nach der Hochzeit fertig gestellt werden kann, ändert sich auch Ihre Termin- und Ablaufplanung.

### Vorhang auf, Ihre Zeitung kommt!

- Lassen Sie sich etwas einfallen, um Ihr mühsam gestaltetes Werk wirkungsvoll zu seinen Lesern zu bringen.

- Ein uniformierter Page oder ein anderer, »formvollendet« auftretender Bote überreicht die Zeitung am Hochzeitstag den Brautleuten.

- Die Hochzeitszeitung wird den Hochzeitern und den Gästen am Hochzeitstag gebracht. Sie kann
  → von einen entsprechend gekleideten Zeitungsjungen verteilt oder verkauft werden.
  → der Menükarte beiliegen.
  → nach einer kleinen »Hochzeitszeitungs-Show« in Form einer nachgestellten Nachrichtensendung verteilt werden.

- Die Hochzeitszeitung wird nach der Hochzeit fertig gestellt und als Streifbandzeitung verschickt (s. Seite 75).

# Das Layout

Welches Erscheinungsbild wird Ihre Hochzeitszeitung haben? Soll sie im Gewand einer Tageszeitung erscheinen oder eher den Charakter einer Illustrierten haben? Wie steht es um Fotos und andere Illustrationen? Wie sollen die Seiten aufgeteilt werden? All dies und noch einige Überlegungen mehr stehen nun an.

## Das Format

Wer die Wahl hat, hat die Qual, sagt eine Volksweisheit. Quälen Sie sich mit dem Format Ihrer Zeitung jedoch nicht zu lange. Sobald ungefähr feststeht, wie viele Beiträge in die Zeitung kommen, sollten Sie das Format festlegen. Zur Auswahl stehen

→ verschiedene Zeitungsformate von Tageszeitungen (machen Sie sich in einem Kiosk kundig!)

→ verschiedene Illustriertenformate (meist in etwa DIN A 4)

→ das Heftchenformat DIN A 5

→ eine Reihe freier Varianten wie ein Leporello oder eine gerollte Zeitung

Die Gestaltung Ihres Blattes (s. Seite 26) richtet sich unter anderem nach dem Format.

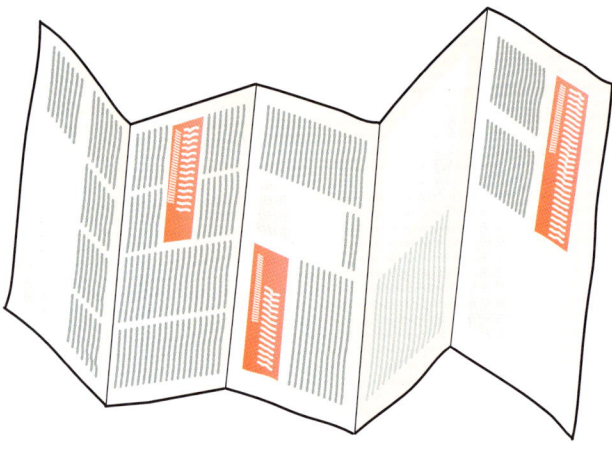

## Tageszeitung

Um sich »Ihre« Tageszeitung besser vorzustellen, falten Sie einen entsprechend großen Papierbogen (doppelte Zeitungsseitengröße) der Länge nach auf die Hälfte, beispielsweise einen DIN-A 2-Bogen aus dünnem Papier auf das Format DIN A 3. Papier in solchen Größen ist im Schreibwarenhandel erhältlich. Dann können Sie besser abschätzen, wie viel Platz Sie für die Beiträge haben.

Dann teilen Sie Ihren Beiträgen anhand eines Seitenplans (s. Seite 16) Plätze in der Zeitung zu. Einen Seitenplan legen Sie am besten im Format DIN A 4 an, so lässt er sich leicht handhaben.

Typisch für Hochzeitsblätter ist ein geringer Umfang von maximal 12 Seiten. Sie brauchen dafür also drei Bogen Papier. Natürlich können Sie auch mehr Seiten anlegen. Im Allgemeinen werden die Blätter einer solchen Zeitung weder geheftet noch gebunden, sondern wie eine normale Tageszeitung ineinander gelegt. Der Titel des originellen Blatts nimmt die obere Hälfte der ersten Seite ein (s. Seite 26).

*Das Leporello: Originell und apart – eine Zeitung in Ziehharmonikafaltung.*

## Illustrierte

Wenn Sie sich für das DIN-A4-Format entscheiden, erhält Ihr Hochzeitsblatt den typischen Illustriertencharakter. Sie falten den
Papierbogen im Format DIN A3 auf die Hälfte
zu DIN A4 und können Ihre Zeitung dann
wahlweise klammern, heften oder gar binden.
Die Seitenaufteilung erfolgt wiederum nach
einem Seitenplan. Die erste Seite ist in diesem
Fall immer die Titelseite und wird entsprechend »reißerisch« gestaltet (s. Seite 27).

Alternativ kann eine solche Illustrierte auch
aus Einzelblättern im Format DIN A4 hergestellt werden. Für die Bindung der Seiten gibt
es dann mehrere Möglichkeiten (s. Seite 24).
Wenn Sie Kunststoffschienen verwenden oder
leimen, achten Sie bitte schon bei der Gestaltung darauf, dass die Rückseiten gut lesbar
sind, und sorgen Sie für einen entsprechend
breiten Rand.

## Zeitungsheftchen

Ein DIN-A5-Format wirkt wie ein so genann-
tes Groschenheftchen, was den romantischen
Aspekt einer Hochzeit gut aufgreifen kann.
Es wird wie die Hochzeitsillustrierte, jedoch
aus entsprechend gefaltetem DIN-A4-Papier
hergestellt. Auch hier ist die erste Seite die
Titelseite (s. Seite 27).

### TIPP
Sollten Sie ein Tageszeitungsformat größer als
DIN A3 auswählen, können Sie nicht mehr auf
einem »privaten« Drucker ausdrucken. Erkundigen Sie sich daher in einem Copyshop, ob er ein
solches Format ausdrucken oder kopieren kann.

## Das Papier

Papier ist in unterschiedlicher Qualität, Farbigkeit und Struktur erhältlich. Verschaffen Sie
sich in einem gut sortierten Schreibwaren-
laden, im Copyshop oder bei einem Drucker
einen Überblick über die Bandbreite der
Möglichkeiten.

Lassen Sie sich beraten, welche Papiersorte
für Ihre Vervielfältigungsform geeignet ist.
Behalten Sie dabei auch die Kosten im Auge,
denn je umfangreicher die Zeitung und je
höher die Auflage ist, desto stärker wirkt sich
ein teures Papier als Kostenfaktor aus.

*Erfragen Sie die »Fremdkosten« bei einem Drucker
oder im Copyshop.*

### Was kostet Ihre Zeitung?

Die Kosten einer Zeitung richten sich
nach
- Format
- Anzahl der Seiten
- Farbigkeit
  schwarzweiß oder farbig
- Druckart
  selbst ausgedruckt, professionell
  gedruckt, fotokopiert (schwarzweiß
  oder farbig), Ausdruck im Copyshop
- Bindeform
  gefalzt und gelegt, geheftet, geleimt,
  Ringbindung etc.
- Papierart
- Höhe der Auflage/Zahl der
  Exemplare

## Der Seitenplan

Welches Format Sie auch wählen – für die Aufteilung der Seiten und um die Übersicht zu behalten, ist ein Seitenplan unerlässlich. Legen Sie ihn auf unbeschriebenen Blättern an, die Sie mit Seitenzahlen versehen. Orientieren Sie sich hierfür an der Zeichnung. Jedes Kästchen entspricht einer Zeitungsseite. Setzen Sie nun die Beiträge und die »Autoren« oder Bilder ein, und zwar am besten mit Bleistift. Sie werden noch oft »umstellen« oder »austauschen«!

Ein Seitenplan kann auch auf dem Computer erstellt und geführt werden. Sie können ihn dann Ihrem Team mitteilen und Einträge rascher löschen, verschieben oder austauschen. Datieren Sie ihn, damit immer feststeht, welche Version gültig ist. Natürlich immer die letzte! Es empfiehlt sich aber, die unterschiedlichen Versionen abzuspeichern, bis die letzte Variante der »Druckfassung« des Blattes entspricht. So mancher Artikel wurde noch aus dem Papierkorb gefischt.

*Ihr Seitenplan gibt ein erstes Bild, wie die fertige Zeitung aussehen könnte.*

### TIPP
Legen Sie Ihre Zeitungsseite mit der gewünschten Anzahl Spalten an. Probieren Sie mit »Blindtext« (irgendeinem Text) aus, ob ihnen das gefällt. Variieren Sie die Spaltenzahl, bis der gewünschte Eindruck entsteht. Sie können die Anzahl der Spalten auch von Seite zu Seite verändern.

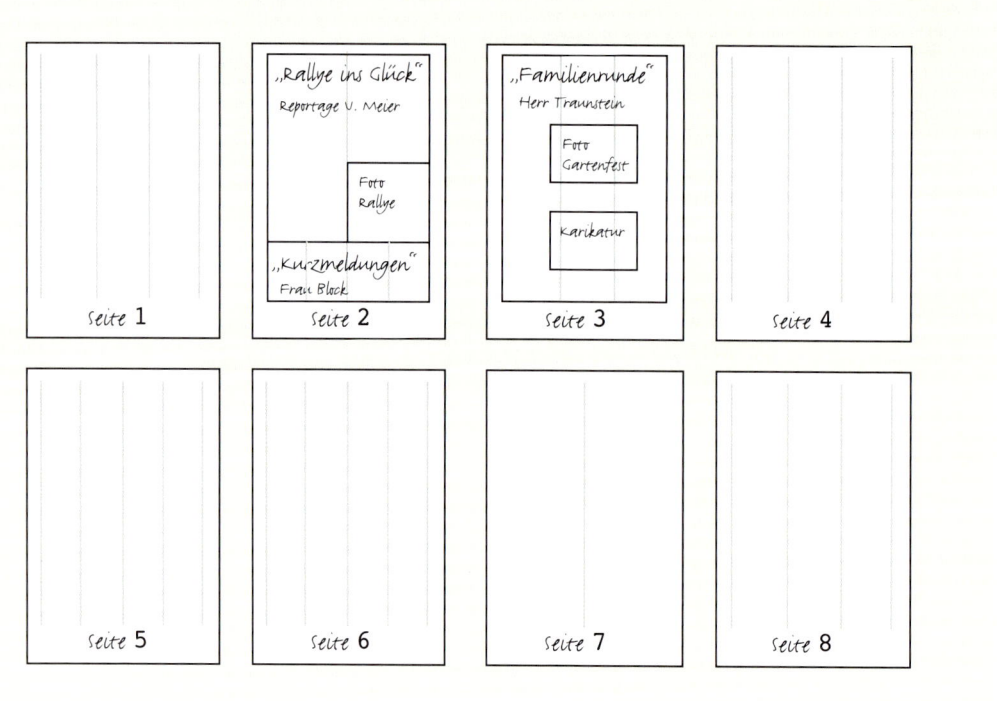

## Der Seitenaufbau

Sie bauen Ihr Hochzeitsblatt entweder wie eine Tageszeitung auf oder wie eine Illustrierte. Um ein möglichst einheitliches Erscheinungsbild zu erhalten, sollten Sie festlegen, wie viele Spalten auf eine Seite kommen. Auch die Formate von Fotos, Zeichnungen, Textkästen und anderen Gestaltungselementen ziehen sich am besten durch die ganze Zeitung hindurch. Hier gilt: Weniger ist oft mehr. Zu viele unterschiedliche Bildgrößen erzeugen ein unruhiges Gesamtbild.

Mit Recht können Sie jetzt einwenden: Bei manchen Illustrierten ist ein unruhiger Gesamteindruck durchaus gewünscht. Wenn Sie es auch so halten möchten, sind Sie in der Gestaltung der einzelnen Seiten natürlich freier.

→ Die Einteilung der Seiten in kurze Spalten erhöht die Lesbarkeit eines Blattes.

Die Einteilung von Zeitungen und auch Zeitschriften in Spalten ist gängig, denn kurze Spaltentexte sind besser lesbar, und Spalten strukturieren die Zeitungsseiten. Zeitungen im DIN-A 3- und DIN-A 4-Format oder Formaten in ähnlicher Größe sind mitunter in bis zu sieben Spalten aufgeteilt. Für kleinere Formate hingegen bietet sich der Zweispalten- oder gar der Einspaltensatz an, damit die Seiten nicht zu sehr zergliedert werden.

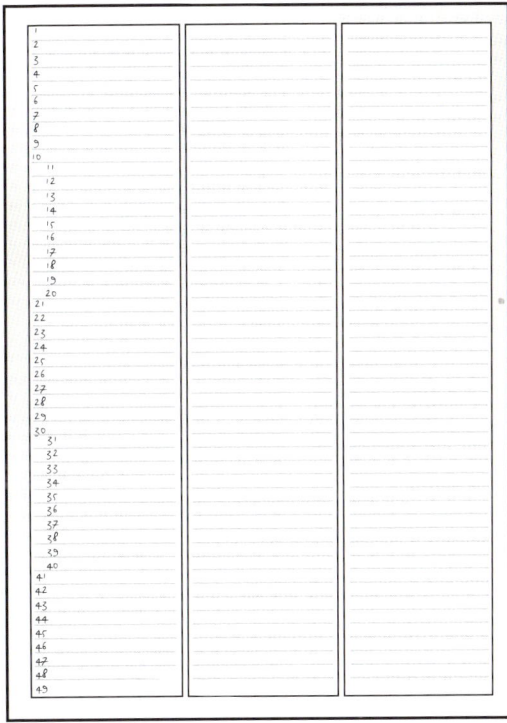

*Ein Computer mit Drucker und Scanner ist eine große Hilfe. Eine Zeitung kann auch ohne Computer erstellt werden, doch das Ergebnis sieht mit technischer Hilfe meist »zeitungsmäßiger« aus.*

## Zeilenraster und Satzspiegel

Um eine einheitliche Gestaltung aller Seiten zu erreichen, empfiehlt es sich, ein Zeilenraster anzulegen. Mit einem Zeilenraster legen Sie fest:

→ **Zeilenfall**

Anordnung der Zeilen zueinander, auch ihre gleichmäßige oder unterschiedliche Länge (z. B. beim Flattersatz)

→ **Zeilenbreite**

entspricht der Spaltenbreite

→ **Zeilenhöhe**

für die Lesbarkeit der Schrift wesentlich

→ **Zeilenabstand**

für die Lesbarkeit der Schrift wesentlich

In dieses Gestaltungsraster, zu dem auch die Festlegung des Satzspiegels gehört, werden Text und Bild eingepasst.

»Satzspiegel« heißt in der Fachsprache die Fläche, die auf einer Zeitungsseite vom Text eingenommen wird. Es bleibt ja, gleich bei welchem Format, immer ein weißer, unbedruckter Rand – rundherum 2 bis 3 cm. Die Stellung des Satzspiegels ist für das gute Aussehen der Zeitung entscheidend. Die »Redaktion« legt sie anhand der Vorschläge vom Layouter/Gestalter fest.

Innerhalb des Satzspiegels wird das Zeilenraster (s. Seite 17) angelegt. Seitenzahlen und Kolumnentitel sind dabei einbezogen.

*In der Frühzeit bestand die Schrift aus sinnbildlichen Zeichen für einzelne Gegenstände, z. B. die Hieroglyphen der Ägypter. Unsere heutige Druckschrift entwickelte sich aus den römischen Kapitalbuchstaben. Und Ihre Hochzeitszeitung besteht aus Ihrem individuellen »Schriftenmix«, bestehend aus verschiedenen Schriften, Schriftgrößen und –arten. Machen Sie es hübsch!*

Die Seitenzahl dient zum Auffinden einer Seite, vor allem, wenn Sie Ihrer Hochzeitszeitung ein Inhaltsverzeichnis geben. Sie steht entweder außen rechts/links oder mittig am unteren oder oberen Rand der Seite, häufig auf gleicher Höhe wie der Kolumnentitel, und kann mitunter auch schmuck gestaltet sein.

Der Kolumnentitel steht sozusagen als Überschrift über der einzelnen Zeitungsseite. Er wiederholt entweder den Namen der Zeitung und den Erscheinungstag oder greift die Rubrik (s. Seite 26) auf.

## Schrift, Schriftgröße und Schriftart

Nicht allein die Seite, auch der Text will unterteilt und gestaltet sein. Der Text einer Zeitung gliedert sich in folgende Textsorten

- Hauptüberschrift
- Unterüberschriften (höchstens zwei)
- Zwischenüberschriften
- Fließtext (Artikel und sonstige Beiträge)
- Bildunterschrift (auch unter Zeichnungen)

Wählen Sie nun Schrift, Schriftgröße, Schriftarten und Schriftschnitt für die entsprechenden Textsorten aus. Vielleicht sagen Ihnen diese Wörter zunächst nicht allzu viel, aber was sie bedeuten, ist Ihnen bestimmt vertraut.

→ **Schrift**

Druckschriften wie Times, New York, Courier und viele andere.

→ **Schriftgröße**

wie groß die gewählte Schrift abgedruckt werden soll. Im Computer wird dies auch als Schriftgrad und in Punkt (ab 8 Punkt) angegeben.

→ **Schriftschnitt**

bezeichnet das Bild des einzelnen Buchstabens, also ob er normal, fett, kursiv oder fett kursiv gedruckt wird.

→ **Schriftart**

verschiedene Möglichkeiten der Schriftformung wie Kapitälchen und Großbuchstaben (s. Seite 21).

Alle diese Dinge lassen sich am Computer einstellen. Diese Elemente sollten sich durch die ganze Zeitung hindurchziehen. Auch hier gilt: Weniger ist oft mehr. Wählen Sie im Interesse Ihrer Leser nicht zu viele unterschiedliche Schriften und Schriftgrößen aus, damit ein übersichtlicher, einheitlicher Eindruck entsteht. Es sei denn, Sie wünschen wie manche Illustrierte ein recht lockeres Schriftbild.

Wie legen Sie Schriftgrößen fest? Für den Titelkopf bzw. den Titel (z. B. Hamburger Abendblatt, taz, Gala) können Sie sich am Schriftzug einer Tageszeitung oder Illustrierten orientieren. Gestalten Sie ihn am Computer selbst. Wenn Sie nicht über den Schrifttyp verfügen, scannen Sie ihn ein. Sie können ihn natürlich auch von Hand nachahmen und dann einscannen.

**TIPP**

Sollten Sie zu viel Text für einen Artikel haben, können Sie die Schriftgröße angleichen, d. h. Sie verringern den Schriftgrad um 0,5 oder 1 Punkt und haben dann z. B. statt einer Schriftgröße von 10 Punkt eine von 9. Sie können auch die Abstände zwischen den Buchstaben verringern, damit mehr Text in die Spalte passt (Funktion: »Zeichenabstand«).

Überschriften und Zwischenüberschriften legen Sie so an, dass sie zu Ihrem Zeitungsformat passen. Probieren Sie Möglichkeiten aus, und orientieren Sie sich gegebenenfalls an Tageszeitungen und Illustrierten.

Der Fließtext, also die gedruckte Schrift, sollte nicht kleiner als 9 oder 10 Punkt sein. Das ist die gängige Schriftgröße für Printmedien.

## Festlegen der Textmenge

Wenn Sie sich für eine Schrift entschieden und die Schriftgröße festgelegt haben, können Sie den Text »auszählen«. Das machen Sie so: Setzen Sie in die gewünschte Spaltenbreite so genannten »Blindtext« (irgendeinen Text, vielleicht Ihren letzten Weihnachts-Rundbrief?). Markieren Sie 10 Zeilen des Textes und zählen Sie entweder manuell oder mit dem Computer (Funktion: »Extras«, »Wörter zählen«) die Zeichen inklusive Leerzeichen. Teilen Sie die so ermittelte Zeichenzahl durch die Anzahl der Zeilen. So erhalten Sie die durchschnittliche Zeichenanzahl pro Zeile.

*Mithilfe des »Auszählens« ermitteln Sie, wie viele Zeichen ein Artikel enthalten darf.*

Nehmen wir an, Sie haben für einen Artikel beispielsweise 25 Zeilen zur Verfügung, und in eine Zeile passen durchschnittlich 35 Zeichen. Sie multiplizieren 25 mit 35 und haben damit die höchstmögliche Zeichenanzahl für den Artikel errechnet: 875. Der Beitragsschreiber weiß dann genau, wie umfangreich sein Artikel sein darf, um in den zur Verfügung stehenden Raum zu passen.

### Tipps für das Texten am Computer

- Legen Sie Schrift und Schriftgröße fest.

- Ermitteln Sie die durchschnittliche Zeichenanzahl pro Zeile.

- Legen Sie ein Computerprogramm fest, in dem die Artikel geschrieben werden sollen. Hier empfiehlt sich »Word«, das auf Macs sowie auf PCs läuft. Legen Sie hierfür ein plattformübergreifendes, gängiges Format (beispielsweise .doc, .txt.) fest. Lassen Sie sich ggf. beraten.

- Teilen Sie die technischen Daten sowie die Zeichenanzahl pro Artikel den Beitragsschreibern mit. Lassen Sie sich eine kurze Antwort im Artikel-Format schicken, damit Sie gleich sehen, ob jeder die Technik beherrscht. Das schont Ihre Nerven und spart evtl. später Zeit.

- Bauen Sie ein paar Musterseiten mit Spalten sowie Zeilenraster und Bildkästen auf, die Sie wahlweise verschieben können. Nutzen Sie hierfür die Vorlagen auf der CD.

→ Aber aufgepasst: Überschriften müssen bei der Berechnung herausgenommen werden! Grundsätzlich sollte man bei diesen Berechnungen des Raumes eher großzügig sein, denn ist ein Artikel zu lang, muss der Text gekürzt werden. Ihr Beitragsschreiber tut deshalb gut daran, seinen Artikel von vornherein auf 800 Zeichen zu beschränken.

Natürlich können Sie auch Texte aus anderen Programmen wie Pagemaker, QuarkXPress, Indesign oder gar aus offenen PDFs herauskopieren und in der Zeitung verarbeiten. Das hängt letztlich vom Computer und von Ihrem Können als Zeitungsmacher ab.

Eine Hochzeitszeitung muss nicht zwangsläufig am Computer erstellt werden, auch wenn sie dann natürlich »echt zeitungsmäßig« wirkt. Es gibt Alternativen: Ein Mitarbeiter mit einer besonders schönen Schrift schreibt alle Artikel von Hand ab. Oder alle Autoren schreiben ihre Artikel in gut lesbarer, schöner Handschrift genau auf Zeile (s. Seite 18). Ebenfalls nicht zu vergessen: die Schreibmaschine. Mit ihr sollte jedoch gleich »auf Spalte« geschrieben werden.

In diesen Fällen werden die Artikel exakt ausgeschnitten und in das zuvor festgelegte Layout eingeklebt. Zusammen mit den ebenfalls eingeklebten Fotos und Illustrationen entsteht dann ein Unikat von besonderem Wert. Sie können mit dem Fotokopierer auch weitere Ausgaben für die Hochzeitsgäste anfertigen. Das Original gehört natürlich immer dem Brautpaar.

*Sehr originell, aber höchst aufwändig ist eine von Hand geschriebene Zeitung – ein Unikat von ganz besonderem Wert!*

# Der Schriftsatz

Sie haben viele Möglichkeiten, die Schrift auf einer Seite und in einer Spalte zu positionieren: links- oder rechtsbündig, im Mittelachsenoder Blocksatz. Letzterer ist in Tageszeitungen und Illustrierten üblich, aber auch mit dem linksbündig gesetzten Flattersatz lässt sich ein durchaus ausgewogenes Schriftbild erzielen.

Natürlich können Sie die unterschiedlichen Schriftsätze auch auf ein und derselben Zeitungsseite für verschiedene Artikel, Kurznachrichten, Glossen oder Bildunterschriften miteinander kombinieren.

### Linksbündig

Diese Schriftart, bei der die gerade Schriftkante am linken Seitenrand läuft, ist die am häufigsten verwendete und ergibt ein für uns gewohntes Schriftbild. Sie lässt sich gut für die verschiedensten Seitenlayouts nutzen.

### Rechtsbündig

Hier verläuft die gerade Schriftkante am rechten Seitenrand. Das Schriftbild ist ungewohnt. Rechtsbündig werden daher meist nur kürzere Texte gesetzt. Oft grenzt man sie am rechten Rand mit einem Gestaltungselement wie einem Strich oder einem Foto ab.

### Mittelachsensatz

Ein solcher Text sticht ins Auge.
Diese Satzart wird
vor allem zur Hervorhebung verwendet.
Eine Überschrift, ein Gedicht
oder auch die Speisefolge eines Menüs
wirkt zentriert
besonders wertvoll.

### Blocksatz

Diese Satzart hat an beiden Seiten gerade Kanten. Achten Sie hierbei darauf, dass in der Mitte der Zeile keine »Löcher« entstehen. Das wird vor allem bei schmalen Textspalten zum Problem. Trennen Sie daher am Ende der Zeile die Worte sorgfältig (Funktion: »Automatische Silbentrennung«).

## Schriftschnitte

Unter Schriftschnitten versteht man unterschiedliche Schriftformungen wie VERSALIEN, KAPITÄLCHEN, *kursive* oder **fett gedruckte** Buchstaben und Initiale.

Kursiv, Kapitälchen und fett lassen sich über die Menüleiste oder unter der Funktion »Schrift« auf dem Computer einstellen.

All diese Elemente zum Auszeichnen einer Schrift dienen der Hervorhebung und sollten daher nur zu diesem Zweck und für einen optisch ansprechenden Eindruck eingesetzt werden.

Orientieren Sie sich am Erscheinungsbild von Zeitungen oder Zeitschriften, und gucken Sie den Profis ab, wie die das machen.

### Initial

Ein Initial ist ein Anfangsbuchstabe, der durch besondere Größe, Verzierung oder Farbe aus dem übrigen Schriftbild hervorgehoben wird. Die schönsten Initiale finden Sie in alten Handschriften und Drucken am Beginn von Textabschnitten. Eine aparte Idee: Stellen Sie mit Initialen einen Bezug zum Brautpaar her!

# Die Bildauswahl

Fotos und Zeichnungen dürfen in einer Hochzeitszeitung nicht fehlen.
Doch wo finden Sie die passenden »historischen« Aufnahmen der Brautleute
und witzige Illustrationen?

## Die Fotos

Überlegen Sie zunächst, analog zur Themenwahl, welche Fotos Sie brauchen. Unterscheiden Sie zwei große Gruppen: »Historische« und zeitnahe Aufnahmen. Kinder- und Jugendbilder der Brautleute erhalten Sie bei Eltern, Großeltern und anderen Verwandten der beiden. Zeitnahe Aufnahmen haben vermutlich wiederum Verwandte, aber noch häufiger die Freunde und Kollegen.

Zum Schmuck dienen Fotos mit allgemeinem Bezug zur Hochzeit. Motive wie Blumen, Kerzen, Sektgläser, Ringe, Blumenkinder, Kirche, Hochzeitsgefährt oder ein schön gedeckter Tisch können natürlich von Ihnen selbst (am besten digital) fotografiert werden. Einfacher ist es, lizenzfreie Bilder aus dem Internet (z. B. Google Bilder) auszuwählen und herunterzuladen.

Die Auswahl von Fotos und ihre Bearbeitung ist keine Hexerei. Aber ein paar Dinge sollten Sie beachten.

### → Qualität

Die Fotos bzw. die Negative oder Dias, von denen Abzüge gemacht werden, sollten gute Qualität haben. Ist kein Negativ mehr vorhanden, lässt sich auch ein Bild vom Bild machen.

### → Ausschnitte

Nicht immer brauchen Sie die ganze Aufnahme. Suchen Sie auch nach interessanten Details und machen Sie Ausschnitte.

### → Größe

Vorlagen aller Art, auch Fotos, lassen sich mit einem Kopierer oder dem Computer vergrößern oder verkleinern. Aufgepasst: Das richtige Maß macht's, da sonst das Bild zu grobkörnig oder zu verschmiert wird.

### → Kontrast

Neben dem passenden Motiv und der Größe ist der Kontrast für die Qualität wichtig. Werden von der Originalzeitung Schwarzweiß-Kopien für die Gäste gemacht, müssen die Fotos klare Kontraste und Konturen aufweisen, sonst riskieren Sie eine graue Sauce. Klare Kontraste sind auch für das Einscannen von Vorlagen aller Art wichtig.

### Fotothemen – ein kleiner Ideenfundus

Die Fotos in Ihrer Zeitung können
zeigen:

- Freunde der Brautleute
- Frisuren der Brautleute – seit der Kindheit bis heute
- Fotogeschichte:
  Das Leben des Otto E. und der Imke K.
- Ein Leben in Hobbys
- Sportliche Karrieren

*Ein Bild sagt mehr als tausend Wörter.*
Aus China

### → Fotomontage

Ob klassisch mit Schere und Kleber oder technisch am Computer – mit Geduld und Fantasie können auch Sie ein Foto mit dem Ausschnitt aus einem anderen zu einem neuen Bild zusammenmontieren.

### → Fotocollage

Mehrere Fotos werden – wiederum klassisch oder auch technisch – kombiniert und ergeben ein ganz neues, meist sehr witziges Bild.

Für die Bildbearbeitung am Computer müssen die Bilder, die Sie verwenden wollen, gescannt, oft im Computer bearbeitet und dem gewünschten Ausschnitt gemäß angepasst werden. Die fertige Seite kann am Farbdrucker zu Hause oder im Copyshop farbig, auch als Kopiervorlage, ausgedruckt werden. Erfragen Sie die Kosten im Copyshop. Sie variieren je nach Umfang und Auflage Ihrer Zeitung.

farbkopierte Zeitung können Sie sie auch bunt anlegen. Soll die Zeitung schwarzweiß ausgedruckt oder kopiert werden, greifen Sie am besten von vornherein zu Schwarzweiß-Zeichnungen.

## Die Zeichnungen

Zeichnen sollte man können – doch wenn Ihnen dieses Talent fehlt, haben Sie andere Möglichkeiten, Ihre Hochzeitszeitung zu illustrieren. Sicher sitzt im Redaktionsteam jemand, der mit einem flotten »Zeichenstrich« unterschiedliche Motive humorig und kunstvoll umzusetzen vermag. Dann können sich Eindrücke, Realitäten und Fantasie zu eigenen, ganz persönlichen Darstellungen vermischen. Da bei einem versierten Zeichner das Motiv meist keine Rolle mehr spielt, wäre dies der Idealfall.

Wenn's bei Ihnen weniger ideal zugeht: Lizenzfreie Zeichnungen lassen sich auch aus dem Internet herunterladen (z. B. Google Bilder) und einbauen. Für eine gedruckte oder

### »Quellen« für Illustrationen

- Begabter Zeichner im Redaktionsteam oder Freundeskreis
- Motive aus dem Internet
- Durchpausen und Nacharbeiten von Vorlagen aus Büchern, Zeitschriften, Katalogen, Werbeprospekten
- Fotokopien von Illustrationen aller Art
- Linol- und anderer Druck für wiederkehrende einfache Motive
- Kinderzeichnungen zu einem Thema – lassen Sie sich überraschen!

# Die Bindung

Die Seiten der Zeitung sind fertig gestellt oder werden es kurz nach dem Hochzeitsfest sein. Nun sollen sie miteinander verbunden werden. Sie können das selbst tun oder in einem Copyshop, wahlweise auch einer Druckerei, vornehmen lassen. Erkundigen Sie sich zuvor nach den Kosten für ein Einzelexemplar sowie der gesamten Auflage.

## Bindearten

### → Heftstreifen
Die Blätter werden gelocht und mit einem Heftstreifen aus dem Schreibwarenfachhandel fest verbunden. Das können Sie selbst erledigen.

### → Klammern
Sie arbeiten mit einem Bürohefter entlang der linken Längskante. Diese einfachste Methode, eine Zeitung zusammenzufassen, lässt sich auch schnell zu Hause durchführen. Kleben Sie die geklammerte Kante nebst dem Zeitungsrücken mit einem farbigen Textilband ab.

### → Klebebindung
Für eine umfangreichere Zeitung können die Seiten entlang dem Buchrücken miteinander verleimt und dann mit einem Textilband oder Buchbindergaze abgeklebt werden. Sie können das nach Anleitungen in Hobbybüchern selbst machen oder im Copyshop oder in einer Druckerei in Auftrag geben.

### → Klemmleiste/-schiene
Mit diesen Utensilien, die Sie in Copyshops oder im Schreibwarenfachhandel erhalten, verbinden Sie die Blätter fest miteinander. Vorteil: Bis zum Schluss lassen sich Seiten problemlos austauschen.

### → Kordelzug
Sie lochen die Zeitung mehrfach entlang der linken Kante, ziehen eine Kordel durch die Löcher und lassen sie in einer schön geknoteten Quaste enden. Auch bei dieser Methode können Sie Blätter noch in der letzten Minute austauschen.

### → Schnellhefter
Die Seiten werden gelocht und in einem Schnellhefter aus dem Schreibwarenfachhandel untergebracht. Das können Sie selbst durchführen.

### → Spiralbindung
Die Seiten werden im Copyshop professionell gelocht und mit einer Spiralbindung versehen. Als Vorder- und Rückseite bietet sich fester Karton an.

### → Zeitungshalter
In einen Zeitungshalter aus dem Deko-Fachhandel werden die Seiten, auch in Tageszeitungsgröße, eingeklemmt.

### → Zusammenstecken
Die einzelnen Blätter einer Zeitung lassen sich, auf die Hälfte gefaltet, ineinander stecken.

**TIPP**
Verwenden Sie für die Vorder- und Rückseite – je nach »Bindeart« – dünnen oder festen Karton. Er verleiht der Zeitschrift zusätzliche Festigkeit.

# DIE GESTALTUNG

Gliederung und Gestaltung gehen bei
Ihrer Zeitung oder Illustrierten Hand in Hand.
Denn nur die Gestaltung ist gut, die Ihren
Inhalt passend wiedergibt. Dazu brauchen
Sie eine Gliederung.

# Die Gliederung

Zeitungen und Illustrierte sind meist nach einem Gestaltungsraster (s. Seite 17) angelegt. Haben Sie sich zwischen den beiden Formen Tageszeitung und Illustrierte entschieden, das Format (s. Seite 14) und die Bebilderung (s. Seite 42) festgelegt? Dann gehen Sie jetzt mit frischen Kräften an die Einteilung der Seiten.

## Die Tageszeitung

Ihre Hochzeitszeitung besteht wie eine normale Tageszeitung aus einem Titelblatt und mehreren Zeitungsseiten. Bei der Verteilung des Aufmachers, der Artikel, Randspalten und anderer Elemente können Sie sich an der Musterseite (s. Seite 17) oder an Ihrer Tageszeitung orientieren. Auf Ihre Titelseite gehört ein Aufmacher, der natürlich das Brautpaar oder die Festlichkeit betrifft, mit entsprechender Überschrift und einer Abbildung. Hinzu kommen kleinere Artikel rund ums Brautpaar oder zum Thema Heiraten sowie ein paar appetitanregende Kurzmitteilungen – evtl. mit Verweis auf den Innenteil –, das Wetter und die Inhaltsangabe.

Sie können Ihre Titelseite in bis zu fünf Spalten aufteilen (s. Seite 17). Ein großes Foto oder eine entsprechende Karikatur dient als Blickfang. Natürlich werden Sie ein Bild des Paares oder eine entsprechende Fotocollage (s. Seite 23) wählen; kleinere Bilder können die Aussage der anderen Artikel illustrieren.

Dem Titelblatt folgen auf den weiteren Seiten thematische Rubriken, die Sie aus Ihrer Tageszeitung kennen: Fragen des Tages, die dritte Seite mit einem aktuellen Thema, Innen- und Außenpolitik, Wirtschaft, Lokales, Kultur/Feuilleton, Sport, Modernes Leben, Gesundheit. Natürlich wird eine Rubrik entfallen, wenn Ihnen nichts dazu einfällt. Auf der anderen Seite erfinden Sie ohne Zögern auch neue Rubriken oder Sonderseiten wie »Zeitläufe«, »Verqueres« oder was auch immer!

→ Fassen Sie die Rubriken durchaus in übertragenem Sinne auf. So kann »Innenpolitik« die Sitzordnung zeigen, anhand derer die Konstellation der beiden Hochzeits-Parteien aufgedröselt wird, unter »Lokales« lassen sich die neue Wohnung des Paares, unter »Rat & Wissen« Ehetipps, unter »Sport« ein Psychotest abdrucken.

*Ihre Tageszeitung oder Illustrierte inspiriert Sie bei der Aufteilung einer Titelseite, der Auswahl der Überschriften und der Schriften.*

## Illustrierte

Bei einer Hochzeitszeitung in Form einer Illustrierten ist die Titelseite natürlich farbig, ja bunt. Verfremden Sie das Titelbild einer Illustrierten am Computer oder mithilfe einer Collage. Machen Sie am besten eine Farbkopie des Titels. Kleben Sie dann die neuen Elemente, Fotos und Beiträge, entweder auf die Farbkopie oder auf das Originaldeckblatt der Illustrierten. Zu guter Letzt retuschieren Sie das Ganze mit Filzstift.

Der fertige Umschlag, also Titelblatt und Rückseite, kann im Copyshop laminiert oder mit Klebefolie überklebt werden.

Der Innenteil wird wie bei einer Illustrierten angelegt. Sie können zwischen einem durchgängig einheitlichen oder einem eher freien Gestaltungsraster wählen (s. Seite 17). Beginnen Sie ganz professionell mit einem Editorial, dem ein bebildertes Inhaltsverzeichnis folgt. Danach werden die Seiten wiederum in Rubriken (wie bei der Tageszeitung) unterteilt.

→ Die Seiten von Illustrierten sind in der Regel in vier Spalten eingeteilt, aber auch ein einspaltiger Satz oder eine gemischte Form kann gut aussehen.

## Editorial

Illustrierte oder Magazine beginnen meist mit einem Editorial, in dem der Herausgeber ein Thema oder einen thematischen Zyklus vorstellt. Als Überleitung von der Inhaltsangabe zum Inhalt bietet sich so ein Artikel für eine Hochzeitsillustrierte geradezu an.

Thematisieren Sie hier z. B., wie es zum Erstellen der Hochzeitsillustrierten kam, stellen Sie eine Titelstory vor oder ein Thema, das die Zeitung wie ein roter Faden durchzieht, oder ein besonders lustiges Ereignis – mit einem Wort: Plaudern Sie aus dem Nähkästchen des Zeitungsmachens. Danken Sie allen Beteiligten (und Unbeteiligten) für ihre Mitarbeit und gratulieren Sie dem Brautpaar zur Eheschließung. Gut macht sich dabei ein Foto der gesamten Redaktion, aktiver Mitarbeiter und stiller Helfer, das Sie nach Belieben beschneiden und mit einer Sprechblase versehen, in welcher der Glückwunsch steht.

## Inhaltsverzeichnis

Ein Inhaltsverzeichnis ist das Verzeichnis der Haupt- und Unterüberschriften einer Zeitung oder Illustrierten. Tageszeitungen haben in der Regel kein detailliertes Inhaltsverzeichnis, sondern arbeiten mit einer verkürzten Liste, die Themenschwerpunkte und Seitenzahlen enthält. Illustrierte hingegen gestalten ihr Inhaltsverzeichnis sehr sorgfältig und bringen neben den Haupt- und Unterüberschriften oft auch kurze Kommentare zum Artikel. Das Inhaltsverzeichnis Ihrer Hochzeitszeitung dient dem schnellen Auffinden von Artikeln und ist sozusagen der Prolog zum »Gesamtkunstwerk«. Lockern Sie es, wie viele professionelle Magazine, mit Fotos oder Illustrationen auf. Sie brauchen dazu keine neuen Bilder. Verwenden Sie die Bilder aus dem Innenteil in einem anderen Format oder zeigen Sie nur einen Ausschnitt davon. Anregungen liefern Ihnen die Illustriertenmacher.

# Inhalt 20. August

**2 Editorial**

**3 Titelstory**
Hochzeitsdrama:
Brautleute in den
geschlossenen Ehevollzug
überstellt

**5 Politik**
Steuer-Gau:
Ehepaare reduzieren das
Steueraufkommen

**7 Lokales**
Kurz notiert:
Das Festprogramm nebst
Menüfolge

**9 Wirtschaft**
Computerrevolution:
Ausreden per Knopfdruck

**10 Sport**
Sport in der Ehe:
Ein Solo zu zwein oder
ein Duett allein

**12 Kultur**
Buch- und Filmtipps
für jede Ehe-Wetter-
Stimmungslage

**15 Gesundheit**
Das letzte
Junggesellenmahl

**16 Modernes Leben**
Partnertest

**19 Vermischtes**
Aus Kindern werden
(Ehe-)Leute

**20 Rubriken**
Kleinanzeigen
Leserbriefe
Horoskop
Impressum

## Das Impressum

Zeitungen haben immer ein Impressum, und so sollte auch Ihre Hochzeitszeitung eins haben. Anregungen für die Gestaltung bieten Tageszeitungen und Illustrierte.

Für Ihr Impressum gibt es unterschiedliche Möglichkeiten: Sie können ein einfaches

Impressum erstellen, in dem alle Mitarbeiter mit ihren Tätigkeitsschwerpunkten aufgelistet sind. Achten Sie hierbei darauf, alle aktiven Mitarbeiter und »stillen Helfer« zu nennen. Zu den Mitarbeitern gehören Redaktionsmitglieder, Beitrags- und Fotolieferanten und Zeichner. Helfer sind alle, die das Team mit Kaffeekochen, Imbiss-Zubereiten, Babyhüten und viel Zuspruch unterstützt haben. Es kann jedoch auch eine humorvolle, sogar bebilderte Spaßseite entstehen, auf der entweder alle Mitarbeiter genannt oder nur fiktive Namen angegeben werden. Auch hier sollten alle aktiven sowie passiven Mitarbeiter und Helfer bedacht werden.

*Sponsoren, die die Zeitung mit Druckzuschuss, Papier oder anderem unterstützen, sowie die Druckerei oder der Copyshop sollten im Impressum erwähnt werden. Danken Sie den Sponsoren ausdrücklich für ihre Unterstützung.*

## Impressum

| | |
|---|---|
| **Verlag und Redaktion** | Die Hochzeitszeitungs-Gestaltungs-Textungs GmbH (Gesellschaft mit bevorzugtem Humor) |
| **Leitender Redakteur** | Unbekannt verzogen |
| **Nachrichten/Tagesthema** | Carmen Tagesthemen, Udo Abendschau |
| **Politik/Zeitgeschehen** | Richard Bundespolitik, Lisa Kommunalia |
| **Feuilleton** | Uli Bücherwurm, Kalle Zitatenschatz, Reinhold Brauchtum |
| **Vermischtes/Humoriges** | Fundstücke aus aller Welt |
| **Erscheinungsgebiet** | Ort der Hochzeitsfeier |
| **Druck** | Senkrecht auf eine Fläche wirkende Kraft, die hier nicht ausgeübt wird. |
| **Erscheinungsweise** | Täglich, außer an Tagen, an denen das Brautpaar keine Hochzeit hat. |
| **Nächste Ausgabe** | Erst in 25 Jahren, zur Silberhochzeit |
| **Verantwortung** | ... übernehmen wir nicht. |
| **Anzeigen** | ... wird uns hoffentlich keiner. |

 Die Auflage und der Inhalt der Hochzeitszeitung unterliegen der Prüfung der unabhängigen Gemeinschaft zur Feststellung von Verbreitung aktueller Hochzeitsnachrichten aller Art.

**Die Hochzeits Zeitung** hat gemäß Medienanalyse vor Ort XY Leser und ist damit am heutigen Tage die größte Hochzeitszeitung ohne Abonnenten.

# Copyright

**Hochzeitszeitungs-Engel**

Alle bedruckten Materialien dieser Zeitung sind für unsere Umwelt belastend. Daher dieses Blatt nicht weiter verlegen, nicht wegwerfen oder recyceln, sondern archivieren oder verschenken.

# Danksagung

*Redaktion und Verlag danken*

**Familie Traunstein** und **Familie Hassel** nebst **allen Anverwandten** für diverse (un-)qualifizierte Beiträge und Kommentare
**allen Freunden** und **Verwandten** für die Abdruckgenehmigung diverser, auch anzüglicher Fotos
**Pit Grafikus** und **Otto Druckmichgut** für die Herstellung
**Bina** für die unermüdliche Hilfe und Unterstützung beim Abschreiben all der unleserlichen Textbeiträge und verschwundenen Notizen
**Andy** für die fantastischen Zeichnungen, die für sich selbst sprechen.
**Rosemarie**, die in all den Irrungen und Wirrungen des Zeitungsmachens immer an das Projekt geglaubt hat
**Helen** und **Oma Hassel**, die uns mit Nährstoffen über dem Zeilenspiegel gehalten haben
**Jan**, unserem Gesundheitsberater
**Schmusekater** für seine Liebe und Unterstützung, vor allem, als wir alle in den letzten Zügen lagen.
Sollte jemand versehentlich nicht genannt werden, wird er in die nächste Ausgabe unter der Rubrik »Vermischt Vergangenes« aufgenommen.

# Hilfreiche Broschüre

»Überlebens-Tipps beim Zeitungsmachen«; Forschungsinstitut für Hochzeitszeitungs-Erstellung, Glückstadt, www.einmalzeitung.de

# HOCHZEITS ZEITUNG

## Traumhochzeit in Weiß

**dpa Sturrgart** – Wie aus gut informierten Kreisen bekannt wurde, machte sich ganz Stuttgart auf die Beine, um der Traumhochzeit des Jahrhunderts im Schloss Solitude beizuwohnen.

Dort fanden sich heute Dr. Ingo Hassel und Marianne Traunstein ein, um sich vor Zeugen, einem kleinen ausgewählten Kreis europäischer Prominenz, das Jawort zu geben. Somit wurde nun endlich das langjährige, oft auch in der Presse angezweifelte Verhältnis der beiden legalisiert.

Bundespräsident Horst Köhler, Ministerpräsident Erwin Teufel, die Spitzen der Landesparteien und die Honoratioren der Stadt ebenso wie Vertreter des Hochadels aus ganz Europa kamen in die Solitude. Ständige Beobachter der Szene fanden heraus, dass es beim Betreten des Schlosssaals fast zu einem Eklat kam, da der Schmusekater Traunstein der Schoßhündin Hassel den Vortritt streitig machen wollte. Nur der beherzten, ökologischen Vermittlung von Prinz Charles ist die Vermeidung von Pfotengreiflichkeiten zu verdanken.

Über den Termin der Eheschließung wurde im Vorfeld im In- und Ausland heftig spekuliert. Nicht in Erfahrung gebracht werden konnte, ob der doch kurzfristigen Eheschließung ein süßes Geheimnis zugrunde liegt. Selbst die Jugendfreundin der Braut, Meg Ryan, schwieg sich in einem Kurzinterview zu diesem Punkt aus.

Klatschreporter und Pressefotografen haben in den letzten Tagen um die besten Plätze am Schloss gerangelt.

Jeder wollte mit der packendsten Story und den bestechendsten Fotos über die Hochzeit des Jahrzehnts aufwarten. Die offiziellen Fotos wurden von dem international renommierten Starfotografen und besten Freund des Ehemanns, Anselm Adams, geschossen. Nach den Feierlichkeiten reiste das Hochzeitspaar mit unbekanntem Ziel in die Flitterwochen, um sich nach seiner Rückkehr ins »Ländle« in den Dienst seiner offiziellen Aufgaben als Mann und Frau zu stellen.

**Optimist Onkel Otto**
Während der langen Prüfungsphase versuchte Onkel Otto, dem diese Verbindung von Ingo und Marianne am Herzen lag, Ruhe zu bewahren. Doch als Mediziner wusste er, wie wichtig es ist, sich vor dem großen Termin auf Herz und Nieren prüfen zu lassen.
*Wissenschaft Seite 3*

**Ingos Trauma**
Wie aus gut informierten Kreisen zu erfahren war, hatte der Bräutigam Dr. Ingo Hassel den Hochzeitstermin verlegt und konnte diesen nun nicht wiederfinden.
*Vermischtes Seite 5*

**Galante Fledermäuse**
Fledermäuse lieben exklusive Düfte. Daher mischen z. B. männliche Sackflügel-Fledermäuse in Hauttaschen ihrer Flügel ein individuelles Parfüm, mit dem sie ihre Auserwählte zu betören versuchen. Wissenschaftler arbeiten fieberhaft an der Entschlüsselung der Rezeptur, mit der Ingo (li.) arbeitet.
*Wissenschaft Seite 4*

**Kleine Weisheiten**
Seit Marianne Traunstein im Alter von 28 Jahren das Single-Dasein an den Nagel hängte, folgte sie ihrer wahren Berufung: »Für Ingo zu kochen, ihn zu lieben und zu verwöhnen.« Heute legalisiert Frau Traunstein diese Lebensinhalte.
*Vermischtes Seite 5*

### Finanzminister Eichel entsetzt!
## Eheschließungen mindern das Steueraufkommen

Schon wieder ein Hochzeitspaar mehr! Der Trend zum Heiraten schmälert die Steuereinkünfte merklich, denn durch die Einstufung in andere Steuerklassen wird immer weniger Geld in die Staatskassen gespült. Im Finanzministerium erwägt man daher, die vorteilhaften Steuerklassen für Verheiratete gänzlich abzuschaffen. Gemäß einer inzwischen gegründeten Expertengruppe sollen Verheiratete künftig ebenso hoch besteuert werden wie Nichtverheiratete.

Der Bund der Verheirateten e. V. hat dagegen bereits Protest angekündigt. Informationsveranstaltungen finden nächste Woche in allen größeren Städten statt. Weitere Informationen entnehmen Sie der Tagespresse oder www.verheiratet-sein.de.

Von Seiten des Finanzministers, der bekanntlich um seine Existenz ringt, werden Gegendemonstrationen organisiert. Dieser Vorgang ist in der Geschichte der Republik nie dagewesen und alarmiert die Medien im In- und Ausland.

Wollen auch Sie als Teil einer Lichterkette ins Fernsehen kommen? Wann und wo, lesen Sie ...
*auf Seite 10*

### Unsere Erfolgsgeschichte

### Vom Computer in den Ehehafen
»Ich stand mit weichen Knien am Flughafen« – so Marianne Traunstein. Was in einer virtuellen Welt begann, sollte sich nun in der Realität bewähren. Habe ich das Richtige angezogen? Wie wird er wohl aussehen? Und manch andere bange Frage begleitete den Flug. Dann – die Stunde der Wahrheit! Und wie beim ersten Klicken der Maus war es auch jetzt um die beiden geschehen. Das Rauschen von Bits und Bytes verklang, und veraltetes romantisches Knistern begann.

# Der Stammbaum

Der Stammbaum ist sozusagen die Kurzform des »Who's who« bzw. »Who was who« der Familie: eine grafisch in Baumform umgesetzte Vorfahren- oder Ahnentafel. Ein solcher Stammbaum kann professionell gestaltet oder von Kindern gezeichnet werden. Sie können ihn in die Hochzeitszeitung einbauen oder auch als separates Blatt einlegen. Großformatig angelegt und gerahmt, ist ein Stammbaum ein originelles Hochzeitsgeschenk. Besorgen Sie dazu möglichst viele Fotos! Apart wirkt auch, wenn alle Vorfahren mit ihren charakteristischen Merkmalen von einem Zeichner oder von mehreren »Künstlern« skizziert oder gezeichnet sind. Fotos dienen hierfür als Vorlage. Geben Sie jedoch die Größe der Porträts vor, damit keiner der Ahnen mit seinem Konterfei die anderen »dominiert«.

Wenn die Brautleute aus großen Familien kommen und Sie auch ihre Geschwister,

Tanten und Onkel aufnehmen möchten, wird es schwieriger. Nehmen Sie sich daher Zeit für die Recherche. Befragen Sie alle nahen und entfernten Verwandten, alle Großeltern, Tanten und Onkels, Cousins und Cousinen, machen Sie alte Schulfreunde ausfindig, befragen Sie ehemalige und derzeitige Nachbarn, um so möglichst alle Familien-Ahnen aufzuspüren. Häufig zählen auch gute alte Freunde, »Nenn«tanten und -onkels, ebenso zur Familie wie Blutsverwandte.

Sollte sich die Recherche als zu schwierig oder zu aufwändig erweisen, können Sie auch einen Ahnenforscher beauftragen, der womöglich gar ein Familienwappen zu Tage fördert. Oder sie kreieren selbst ein Wappen, das zu den Vorlieben der Familie und der Brautleute oder zu deren Hobbys passt!

Die hier gezeigten Stammbäume, in Baumform und als Diagramm, können Sie auf die passende Größe bringen und dann mit Fotos oder Zeichnungen versehen und beschriften. Beide Formen lassen sich beliebig erweitern.

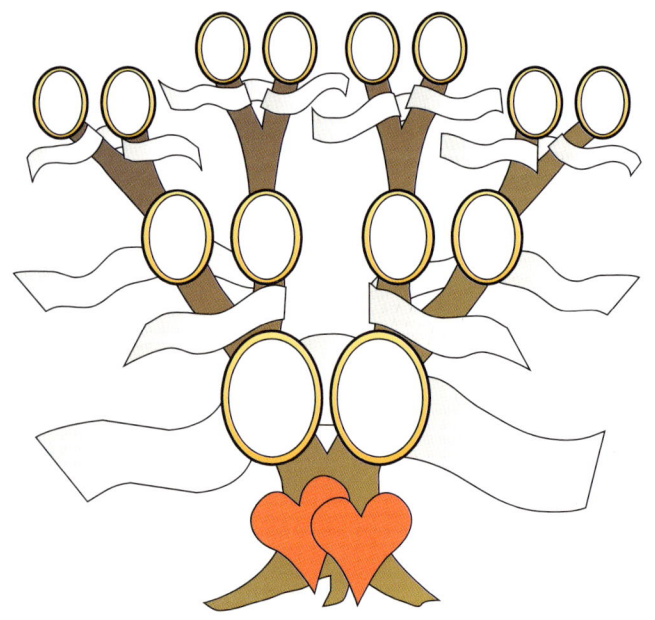

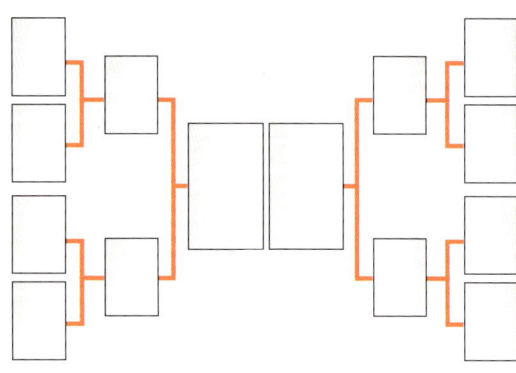

*Ein Stammbaum trägt Ahnen, Vorfahren, Altvordern – alle Personen, von denen die Brautleute abstammen, mindestens ihre Eltern und Großeltern.*

# Postillon d'amour

## Die schönste Love-Story aller Zeiten
### für die Frau von heute

*»O welch ein Glück, geliebt zu werden, und lieben, Götter, welch ein Glück!«*
*Johann Wolfgang von Goethe*

# Das Brautpaar

Ein »Muss« für jede Hochzeitszeitung: Der Leitartikel über das Brautpaar. Häufig wird er als eine Art Lebenslauf aufgemacht. Sie können Ihren Artikel beispielsweise ins Gewand eines mehr oder weniger »faktischen« Berichts kleiden: Zunächst die beiden Partner getrennt – Geburt, Schule, Ausbildung und andere Stationen des Lebens –, und ab dem Zeitpunkt des Kennenlernens dann gemeinsam, z. B. unter dem Motto: »Wie alles begann und seinen verhängnisvollen Lauf nahm«.

## »Kinder, was ist aus euch geworden!«

Bericht über das Brautpaar in unterschiedlicher Form.

### → Steckbrief des Brautpaares
Stellen Sie zwei Steckbriefe mit zunächst getrennten Lebensstationen nebeneinander, und gehen Sie mit dem Kennenlernen der Brautleute auch optisch in einen gemeinsamen Lebenspfad über. Illustrieren Sie mit Fotos und Zeichnungen.

### → Foto-Lovestory
Ein Fotozyklus zeigt die Lebensstationen der Brautleute vom Baby- bis ins Erwachsenenalter, das Kennenlernen und das gemeinsame Leben als Liebespaar. Geben Sie den Fotos kurze Bildunterschriften. Mit Sprechblasen bringen Sie die Abgebildeten auch zum »Sprechen«.

### → Bewerbung
Lassen Sie Braut und Bräutigam in persönlichen, durchaus auch handschriftlichen Bewerbungsschreiben ihre Vorzüge und besondere Eignung für die Ehe darlegen. Geben Sie einige Fragen als roten Faden vor.

### → Rührendes Kapitel über die Lovestory des Brautpaars
Orientieren Sie sich am Stil eines kitschigen Heftchenromans, und schmücken Sie die Tatsachen genuss- und fantasievoll aus.

### → Lebenslauf in Interviewform
Ein fiktives Interview mit beiden Brautleuten, die auch übereinander Auskunft geben, ist ebenso denkbar wie ein reales Interview beispielsweise mit Trauzeugen oder Großeltern der beiden.

### → Lebenslauf
Verfassen Sie fiktive, humorige Lebensläufe für beide Brautleute, und schmücken Sie jedes mit einem Bewerbungsfoto. So, wie das bei Bewerbungen um einen Job eben üblich ist!

Welche Darstellungsform Sie auch wählen: Die Geschichte des Brautpaares soll den Leser unterhalten und ihm auch etwas Neues über Braut und Bräutigam berichten. Da es

**TIPP**
Sollen die Lebensdaten mit wichtigen Daten der Weltgeschichte real oder fiktiv verknüpft werden? Dann sehen Sie im Internet oder in Stein »Der große Kulturfahrplan« nach.

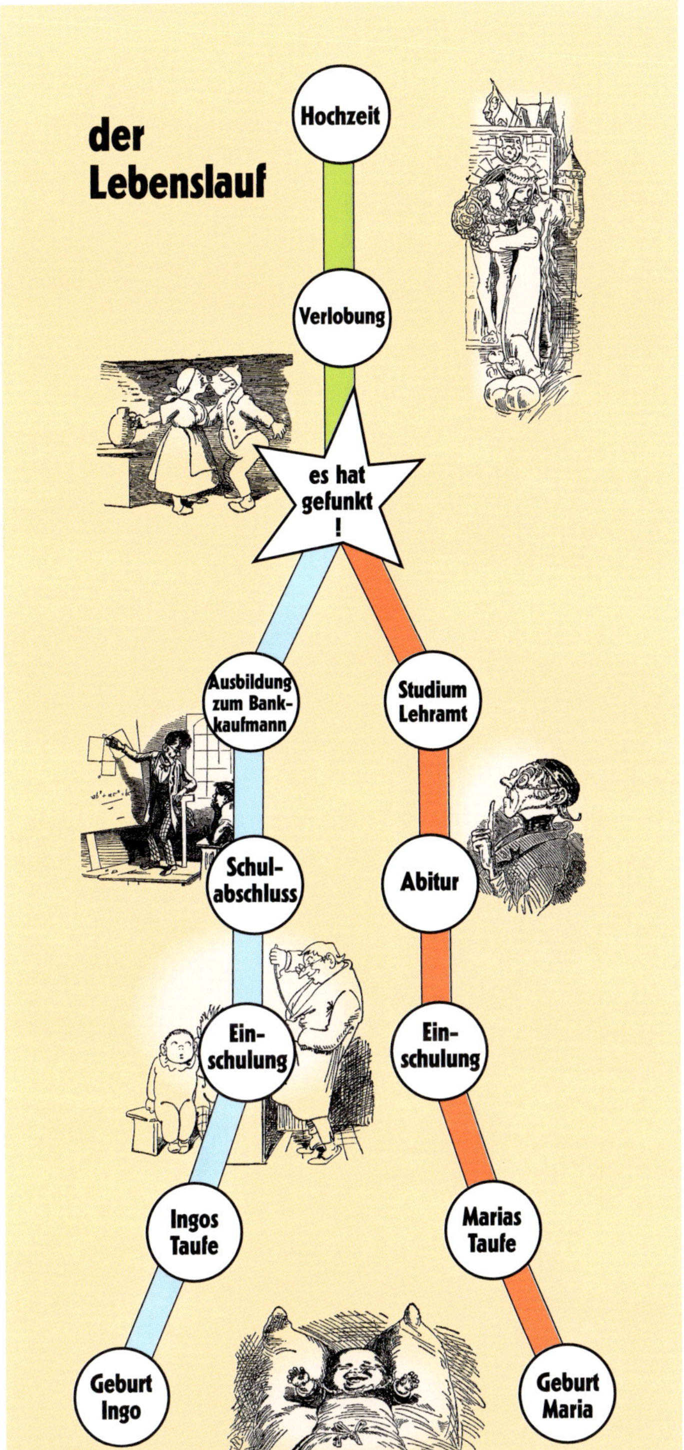

## der Lebenslauf

**Hochzeit**

**Verlobung**

**es hat gefunkt !**

**Ausbildung zum Bankkaufmann**

**Studium Lehramt**

**Schulabschluss**

**Abitur**

**Einschulung**

**Einschulung**

**Ingos Taufe**

**Marias Taufe**

**Geburt Ingo**

**Geburt Maria**

nicht auf Vollständigkeit ankommt, wählen Sie »Highlights« aus dem Leben der beiden, die Ihnen wichtig erscheinen oder zu denen Fotomaterial vorhanden ist. Thematisch können Sie auch an wichtige politische oder wissenschaftliche Daten bzw. an historische Ereignisse anknüpfen, die gleichzeitig geschahen.

Mit Zwischenüberschriften strukturieren Sie längere Texte und halten Ihre Leser »bei der Stange«.

*Berichten Sie nie von peinlichen oder schmerzlichen Ereignissen in den Lebensgeschichten des Brautpaares. Auch Ex-Freunde und Ex-Freundinnen werden nicht erwähnt.*

## Wer ist wer?

Auf einer Hochzeitsfeier treffen die beiden Familien meist zum ersten Mal zusammen. Da das Brautpaar in der Regel nicht die Zeit (und sicher auch wenig Lust) hat, die Gäste miteinander bekannt zu machen, wird wohl keine Frage so häufig gestellt wie die: »Wer ist das eigentlich?« Hierbei kann eine Hochzeitszeitung Hilfestellung geben. Sie wäre nicht vollständig ohne einen Beitrag, der sich ausschließlich mit den Gästen der Feier beschäftigt.

**TIPP**

Sie erreichen ein einheitliches »Erscheinungsbild« der Gäste, wenn Sie sie durch Skizzen oder Zeichnungen vorstellen, die nach möglichst aktuellen Fotos entstanden sind. Aber Vorsicht: Manches lässt sich humorig verfremden, aber keiner soll über sein abgedrucktes Konterfei pikiert sein!

## Gäste im Bild

→ »Wer sitzt wo, neben wem und warum?«

Sie erhalten den Sitzplan beim Hochzeitspaar oder beim Hochzeitsmanager. Bauen Sie ihn jedoch erst kurz vor »Drucklegung« ein, da die Sitzordnung sich häufig ändert, wenn noch jemand ab- oder zusagt. Anhand der Schemazeichnung der Tischform kann dann jeder Gast einen ihm unbekannten Anwesenden »identifizieren«.

→ »Wer ist wer bei Familie Traunstein? Wer ist wer bei Familie Hassel?«

Am besten stellen Sie die Gäste mit einigen heiteren Worten und einem Foto oder einer Porträtzeichnung auf einer Doppelseite vor. Hierfür reicht die aktuelle Gästeliste, die Sie vom Brautpaar oder vom Hochzeitsmanager erhalten. Zusätzliche Informationen und Fotos kommen von den Eltern der Brautleute oder von den »Betroffenen« selbst.

Der **Bruder des Brautvaters** ist Pate der Braut und als Landschaftsgärtner für das florale Ambiente in Haus und Hof zuständig.

Der **Bruder der Braut** ist zugleich ihr Berater in allen Fragen, die Computerei und das Internet betreffen.

## Gästeliste

Anhand der Gästeliste lädt das Brautpaar zur Hochzeit und plant die Sitzordnung. Um also zu erfahren, wer zur Hochzeit kommt, beschaffen Sie sich eine möglichst aktuelle Liste.

Eine Gästeliste in die Hochzeitszeitung aufzunehmen ist eine schöne Erinnerung für alle. Werten Sie Ihre Liste noch durch weitere Informationen auf! Notieren Sie z. B., wer mit wem verheiratet oder liiert ist oder wie die Personen zu Braut und Bräutigam stehen. Damit erleichtern Sie allen einen Überblick über die »personellen Zusammenhänge«.

Wenn Sie die Hochzeitszeitung erst nach der Hochzeit verteilen (s. Seite 75), lässt sich die Gästeliste auch als Gästebuch verwenden. Gestalten Sie hierfür vor dem Fest eine Liste, in die sich dann während der Hochzeit jeder Gast mit einem Spruch oder einer Widmung eintragen kann. Damit dies für die Gäste nicht zu unvermittelt kommt und sie auch Zeit haben, sich einen ganz persönlichen Glückwunsch, einen schönen Spruch oder allerlei Sinnfälliges auszudenken, sollten Sie die Gäste mithilfe der Gästeliste vor dem Fest davon informieren.

Lassen Sie die gestaltete Gästeliste während der Feier dann so umlaufen, dass das Brautpaar es nicht merkt. Bauen Sie die Liste nach der Hochzeit in die Zeitung ein.

Damit dies alles ein persönliches Gesicht bekommt, können Sie von den Gästen auf der Hochzeit mit einer Polaroid- oder Digitalkamera Aufnahmen machen. Polaroids lassen sich für ein Unikat in die Zeitung einkleben oder eingescannt für eine größere Auflage ebenso wie Digitalfotos vervielfältigen.

**TIPP**
Bei einer großen Hochzeit mit sehr vielen Gästen kann eine vollständige Gästeliste mit Fotos den Rahmen einer Hochzeitszeitung sprengen. Beschränken Sie sich in einem solchen Fall auf die engsten Verwandten und die Trauzeugen.

*Wird die Gästeliste in die Hochzeitszeitung eingearbeitet, dient sie dem Brautpaar und allen Gästen als schöne Erinnerung an den Tag.*

# Hinweise zum Lesen der Hochzeitszeitung

Für all diejenigen, die noch nie eine Hochzeitszeitung in Händen gehalten haben, hier einige Ratschläge, wie sie mit dieser ungewohnten, umfangreichen Herausforderung umgehen können.

## Zehn der besten Tipps

**1** Behalten Sie die Ruhe!
Denn in der Ruhe liegt die Kraft, mit der Sie es auch schaffen, diese Hochzeitszeitung zu lesen.

**2** Die Zeitung sollte mit dem Titelblatt, also dem Aufmacher, nach oben liegen. Auch diese Zeitung wird von vorn nach hinten gelesen.

**3** Die Zeitung wird mit der linken Hand gehalten und mit der rechten geblättert. Also weiter die Ruhe bewahren, es ist alles wie gewohnt.

**4** Linkshänder machen es umgekehrt. Also auch für Linkshänder nichts Neues!

**5** Wenn Sie unbedingt wissen wollen, was auf der nächsten Seite steht, einfach umblättern. Neugier ist eine Kraft, die den Menschen unaufhaltsam vorantreibt.

**6** Das gilt auch für die nächsten Seiten. Sozusagen Seite für Seite.

**7** Fühlen Sie sich bitte nicht persönlich beleidigt, sollte etwas in der Zeitung auf Sie zutreffen. Übereinstimmungen mit lebenden Personen sind durchaus beabsichtigt.

**8** Beim Lesen sollten Sie unbedingt die Augen offen halten. Das erleichtert vieles, wenngleich nicht alles.

**9** Sollten Sie beim abendlichen Lesen nichts erkennen können, schalten Sie das Licht ein. Dann geht Ihnen sicher ein Licht auf!

**10** Sollten Sie diese Zeitung im Bett lesen, dann lassen Sie sich nicht vom Kekse-Essen abhalten. Denn nur wer im Bette Kekse aß, weiß, wie Krümel piken.

# ZEITUNGSGLEICH

Einige Artikel Ihrer Hochzeitszeitung lassen sich in der Gestaltung am Aufbau von Tageszeitungen oder Illustrierten anlehnen. Dieses Kapitel enthält »Standardartikel«, so wie wir es tagtäglich gewohnt sind.

# Hochzeits-Kolumne

In der Rubrik »Festgeflüster« werden Neuigkeiten veröffentlicht,
die der Reporter sozusagen aufgeschnappt hat. Dinge des »Hörensagens«
und Vermutungen geben sich hier ein fröhliches Stelldichein.

## Festgeflüster
*von Christian Wachholder*

Unser allseits beliebter und geschätzter Freund Ottmar Traunstein wird in Kürze Schwiegervater. Einen Umstand, den er recht häufig und öffentlich beklagt, da er nun sein heiß geliebtes Töchterchen, die 28-jährige Marianne, verliert. Dabei ist zu befürchten, dass er nicht rechtzeitig zum Hochzeitsfest erscheint. Er, wir erinnern uns, der zur eigenen Trauung von seinem Trauzeugen aus dem Büro abgeholt werden musste. Er, der sein neugeborenes Töchterchen dem Prediger hinhielt mit den Worten: »Da, Herr Pfarrer, taufen Sie mir den Buben!« und auf seinen Irrtum aufmerksam gemacht, dann meinte: »Ach ja, richtig. Na ja, wenn man sich so auf einen Jungen eingestellt hat, ist es schwierig, von einer so liebgewordenen Vorstellung wieder Abstand zu nehmen. Nun denn: Fahren Sie mit der Zeremonie fort, nach der Taufe reden wir dann noch über die Verwechslung.« Wie dem auch war: Am nächsten Freitag, dem 10. Oktober, ist es so weit, und wir werden uns wieder auf allerlei unfreiwillig

*Unser rasender Reporter
im Hochzeits-Milieu*

Amüsierliches von unserem lieben Freund gefasst machen können.

»Das Weib soll Vater und Mutter verlassen und auf seinen Mann aufpassen«, so steht es wohl in der Bibel geschrieben. Nun ist es also wieder so weit, dass ein Mann unter die Obhut einer Frau gegeben wird. Ingo Hassel und Marianne Traunstein geben sich am Samstag das Jawort. Beide sagen dazu Ja, dass künftig einer der Aufpasser und der andere der »Aufgepasste« ist. Wobei unserer Erfahrung nach im Eheleben nie völlig eindeutig auszumachen ist, wer nun letztlich wer ist. Es sei denn, die Frau hat die Hosen an. Wobei das bei der gängigen Mode auch kein eindeutiges Kriterium mehr sein kann. Eindeutig ist jedoch, dass die beiden sich lieben, beide Hosen tragen und auf sich selbst aufpassen können.

Geputzt und geschrubbt wurde im Haus der Familie Hassel, dass die Staubflusen nur so aus den Fenstern flogen. Die Hochzeit beginnt zwar erst am Samstag, doch in den Wochen davor wurden schon heftige Aktivitäten im Hause wahrgenommen. Frau Hassel und ihr Hilfstrupp nutzten den Anlass, um mal wieder richtig sauber zu machen. »Verrückt«, sagte Frau Hassel, »wie viel Staub sich seit der Hochzeit mit meinem Mann so angesammelt hat.«

# Leute
## VON HEUTE

NR. 1 | 10. OKTOBER 2004 | Traustein

**HOCHZEITSREIF**

**MARIANNE TRAUNSTEIN**
Nun ist sie eine glückliche Braut

**DIE ZUKUNFT IM BLICK**

**EMILIA TRAUNSTEIN**
Erfüllt sich ihr Traum vom Enkelkind?

**ABSCHIED VOM SINGLE-DASEIN**

**BELLO HASSEL**
Jetzt werden wir eine richtige Familie

**INGO HASSEL**

# Legenden der Leidenschaft

**Der HERZENSBRECHER führt die Frau seines Lebens zum Altar**

Ingo Hassel mit der Liebe seines Lebens Marianne Traunstein

41

# Von unseren Reportern – kurz notiert

Tageszeitungen und Zeitschriften aller Art haben in der Regel eine Rubrik »Kurz notiert«, in der Tagesereignisse dem Leser in wenigen Zeilen treffend präsentiert werden. Da solche Rubriken von ihrem authentischen Flair leben, werden Menschen zitiert, der Reporter meldet sich zu Wort, oder Augenzeugen sprechen als Garanten für den Wahrheitsgehalt. Nun denn: Sie kennen Ihre Hochzeitsleut'; deren charmante Eigenarten sich treffsicher und witzig in solch einer »authentischen« Zeitungsnotiz darstellen lassen.

## LEUTE

**MARIANNE TRAUNSTEIN:** Die 28-jährige Krankenschwester will nicht länger als Freundin von Ingo Hassel gelten. Daher hat sie beschlossen, mit ihm den Bund der Ehe einzugehen. »Ich möchte nun endlich mein Fräulein-Image ablegen und die ernsthafte Rolle der Ehefrau annehmen. Immerhin habe ich bereits einen Kochkurs absolviert, mich mit Ingos Familie angefreundet und seine Rennfahr-Künste gelassen ertragen gelernt. Ich war zwar nicht sicher, ob ich das alles tatsächlich schaffen würde, doch ich habe mich bewährt«, sagte sie unserer Reporterin. Solche selbstbewussten Sätze kommen Fräuleins wohl eher nicht über die Lippen. Und dennoch – ein Blick beweist es: Sie ist immer noch niedlich.

**INGO HASSEL:** Der jüngste Sohn von Gero und Elizabeth Hassel hat sich öffentlich zu seiner geplanten Eheschließung mit Marianne Traunstein geäußert. Die Entscheidung sei nach all den Jahren als Junggeselle nicht schwierig gewesen, aber man habe sie dennoch gemeinsam getroffen, sagte er. Marianne Traunstein hat sich in ihrer neuen Heimat bereits umgetan und wurde gemeinsam mit ihrem künftigen Gatten beim Besichtigen eines Hauses beobachtet.

## VERMISCHTES

**Verflogenes** • Christina Hassel, Grafikerin und Schwester des Bräutigams Ingo Hassel, ruft alle Verwandten, Freunde und Bekannten des Brautpaares öffentlich auf, am Hochzeitstag in der Kirche zu erscheinen. »Die Hochzeits-Brieftauben, die die Einladungen zustellen sollten, haben sich leider in den Süden verflogen«, beklagt die 23-jährige Christina den missglückten Versand der Einladungen. Daher hofft die Familie nun, dass möglichst viele Hochzeitsgäste die Nachricht aus dieser Zeitung erfahren werden.

**Trauzeuge** • Befragt nach den Umständen, die letztlich zu der Hochzeit des Jahres führten, antwortete der Trauzeuge des Bräutigams: »Ein Sieg in der Liebe ist auf zwei Wegen erreichbar. Entweder durch eine Kavallerieattacke oder durch das Schaufeln von Laufgräben zum Frauenherzen.« Detailliertere Informationen konnte unsere Reporterin selbst aus gut informierten Kreisen bislang nicht erhalten.

**Peinlich** • Wie aus diskreten Quellen zu erfahren ist, war die Hochzeit von einigen Beinahe-Pannen begleitet: Die Taufpatin der Braut, Trude Traunstein, hat sich letztlich fünf Abendkleider für das große Ereignis gekauft, weil sie sich für keines entscheiden konnte. Aufgrund dieser anhaltenden Entschlussschwäche wäre sie wegen hastiger Umkleideaktionen in letzter Minute fast zu spät zur Trauung gekommen. Karl Hassel, der Pate des Bräutigams, hat vor lauter Aufregung vergessen, die Ringe einzustecken. Nur die konzertierte Aktion dynamischer Hochzeitsgäste machte es möglich, dass das Brautpaar »beringt« die Kirche verlassen konnte.

**Kultur** • Der französische Weltstar Edith Piaf soll seinen Auftritt für das Hochzeitsfest der Familie Hassel kurzfristig abgesagt haben. Sie sei leider überraschend in den Stimmbruch gekommen und könne das hohe FisCisDis nicht mehr singen. Daher muss sie zunächst ihr Gesangsrepertoire umstellen. Nun eifern die Familien des Brautpaares der Kelley Family nach und proben jeden Tag für das große Ereignis. Die Nachbarn haben sich derweil bei Freunden in Nachbargemeinden einquartiert.

**Fatales** • Der Pfarrer der katholischen Gemeinde hat leider den Schlüssel zur Kirche verlegt und kann ihn nicht mehr wiederfinden. Daher findet die Hochzeit von Ingo Hassel und Marianne Traunstein nun ausschließlich auf dem Standesamt im engsten Kreis der Eingeweihten statt. Diejenigen, die von dem Hochzeitstermin nichts wissen, warten mit Reis gewappnet vor dem Rathaus auf das frisch getraute Paar.

# Telefon-Aktion

Entweder Sie führen tatsächlich eine Umfrage durch und befragen Mütter, Väter und andere Verwandte sowie Freunde des Brautpaares, oder Sie fingieren eine »Telefon-Aktion« mit mehr oder weniger ernst gemeinten Fragen und Antworten.

**Die große Telefon-Aktion: Ihre wichtigsten Fragen – alle Antworten**

## Liebeszauber:
## Der heiße Draht zum Partner

Die Telefone standen mehrere Stunden lang nicht still. Fast pausenlos beantwortete unser Experten-Team Fragen rund um das Brautpaar. Hier einige Fragen und Antworten:

### Wo haben die beiden sich kennen gelernt?

Immer wieder hört man, dass Marianne und Ingo sich seit ihren Sandkasten-Tagen kennen und lieben. Es soll auch ein entsprechend verfängliches Foto existieren. Stimmt das?

Bello Hassel, Haushund und bester Freund von Ingo Hassel

Marion Traunstein, Mutter der Braut und ausgewiesene Foto-Sand-Expertin

### Wurde Bello Hassel als Flirthelfer eingesetzt?

Marianne hatte sich immer einen Hund gewünscht, den sie nun »anheiratet«. War Bello in die Pläne seines Herrn eingeweiht?

Nun ja. Das kann so einfach nicht beantwortet werden, da es den Sandkasten aus den Kindertagen nicht mehr gibt. Die Spuren im Sand, die man damals noch fand, sind somit leider verschwunden. Die Frage nach dem Foto kann erst nach intensiver Recherche im Fotoarchiv der Familie abschließend beantwortet werden.

Eingeweiht wäre nun doch zu viel gesagt. Selbstverständlich spürte ich, dass mein Herrchen ein Auge auf die sympathische Marianne geworfen hatte. Man(n) muss sie einfach mögen! Daher hatte auch ich ein reges Interesse daran, von dieser zarten Frauenhand sanft hinter den Ohren gekrault zu werden. So gesehen war ich ein Flirthelfer aus freien Stücken.

## Haben Marianne und Ingo den Hochzeitstag tatsächlich nach einer Astro-Beratung festgelegt?

Welche Rolle spielen die Sterne künftig im Leben der beiden?

Esther Hassel, Großmutter des Bräutigams und Hobby-Astrologin

Die Sterne lügen nicht, und manche Konstellation kann für die Zukunft entscheidend sein! Daher wird nur beim zunehmendem Mond geheiratet, denn dann nimmt alles in der Ehe zu: das gemeinsame Glück, die Anzahl der Kinder, das Vermögen und das Körpergewicht der Brautleute. Doch Evelyn, die Cousine der Braut und Diätexpertin, hilft wiederum, Letzteres in verträglichem Umfang zu halten. Eine Ehe basiert schließlich doch auf dem irdischen Teamwork der Familie.

## »No sports« oder aktiv durch die Ehejahre? Für Sport ist es nie zu spät. Trainiert Ingo nun mit Marianne?

Carsten Wulf, Trauzeuge des Bräutigams und Amateursportler mit Niveau

Ingo scheint sein Couch-Potatoe-Dasein tatsächlich aufzugeben. Offensichtlich startet er mit guten Vorsätzen in die Ehe. Dennoch: Geduld beim Sport-Training! Männliche Neueinsteiger übertreiben nämlich häufig, insbesondere wenn sie ihrer Geliebten imponieren möchten. Daher ist nur ein gemäßigtes, ge-meinsames Training ratsam. Marianne läuft Ingo bestimmt nur beim Joggen davon! Das ist sicher.

## Endlich Schluss mit dem Fernsehfrust? Befindet sich ein Fernsehgerät auf der Geschenkeliste?

Das geht vielen Paaren so, dass sie sich über das gemeinsame Fernsehprogramm nicht verständigen können. Vor allem, wenn die Sportschau oder ähnliche Veranstaltungen wie die Olympiade oder Leichtathletik-EM übertragen werden. Dann entsteht leicht bei beiden Partnern Frust, der auch durch intensive Kommunikation nicht überwunden werden kann. Ein

Jasmin Traunstein, Schwester der Braut und Mediatorin für angehende Ehepaare

Fernsehgerät auf der Geschenkeliste trägt zwar zur Verringerung der Kommunikation in einer Partnerschaft, aber auch zu einem entspannt-partnerschaftlichen Dasein vor den diversen Fernsehern bei.

### Brauchtum

*Der Schleier der Braut gehört seit Urzeiten zur Brautausstattung und dient vor allem dazu, den Übergang von den Eltern zum Ehemann zu symbolisieren. Wenn der Bräutigam die Braut in seinem Haus entschleierte, war die Trennung vom Elternhaus endgültig und die Mädchenzeit vorbei. War die Braut ganz und gar verschleiert, wurde der Schleier vom Bräutigam vor dem Altar gelüftet. Der künftige Ehemann wollte sich vergewissern, dass ihm auch die richtige Braut zugeführt wurde. Vorsicht ist letztlich die Mutter der Porzellankiste!*

# Kulturnews

Keine Zeitung oder Illustrierte ohne einen Kulturteil, in dem aktuelle Bücher besprochen, neue CDs präsentiert und Kino- sowie Fernsehprogramme abgedruckt werden. Weitere Lese- oder Kinotipps, oft auch zu einem bestimmten Thema, runden die Kulturvorschau gewöhnlich ab. Eine Hochzeitszeitung bringt jedoch Kultur-Highlights einer besonderen Art. Sie können sich von richtigen Kulturnachrichten inspirieren lassen und schreiben diese für Ihren Zweck einfach um.

## BUCHAKTUELL

### Der aktuelle Buchtipp
von Marcus Reich-Rankenstein

»Kalter Angstschweiß stand Dr. Ingo Hassel auf der Stirn. Hunderte von Kilometern hatte sie den Wehrlosen durch die dunkle Nacht verschleppt. Keine Ausreden, keine Migräneanfälle, kein Mitleid heischendes Jammern, kein inbrünstiges Flehen und keine vorgeschobenen geschäftlichen Termine hatten geholfen. Der Tag der Tage war unerbittlich näher gerückt. Da stand er nun und wurde von Dutzenden von Augenpaaren kritisch gemustert. Sie hatte ihn gnadenlos mit festem Griff hinter sich hergezogen, die Tür aufgerissen, ihn in den hell erleuchteten Raum geschoben und in das versammelte Schweigen der Familie hinein stolz verkündet: Das ist er. Das ist Dr. Ingo Hassel, mein Verlobter!«
Mit diesen Sätzen beginnt eine Familiensaga, die in diesem Jahrhundert ihresgleichen sucht. Machen Sie sich auf unzählige Irrungen und Wirrungen des jungen Glücks gefasst, und legen Sie einen umfangreichen Vorrat an Papiertaschentüchern an. Ein ideales Buch auch zum Abnehmen, denn bis zur letzten emotional aufwühlenden Zeile werden Sie nichts essen können.
1800 Seiten, Verlag Familienwohlt
Preis: Unbezahlbar

### SOEBEN ERSCHIENEN

Ratgeber-Bücher zu den Themen
Ehe und Familie

### Das Alltags-Kamasutra
Erotische Ehegymnastik nach
den sieben Tibetern

**Spartipps für Familien**
Geteiltes Brot ist halbes Brot
Mit Checklisten durch den finanziellen
Familienalltag

**Leben gemeinsam meistern**
Das verflixte siebte Jahr
Erfahrungsberichte aus dem
Partner-Dschungel

**Familie & Recht**
Schlüsselgewalt in der Ehe
Darf die Frau auch den Autoschlüssel
des Mannes verwalten?

**Krisen vermeiden**
Mediation für Frischvermählte
Glückauf für alle verflixten und unverflixten
Ehejahre

# KINO HEUTE

**SuperKitsch**
Viva Marianne!
Melodram
Tragisch-poetische Romanze
mit Schmusekater

Der schnell vorrückende General Ingo Hassel
hat bereits das Herz des Schmusekaters von
Marianne Traunstein im Sturm eingenommen.
Dosenöffnerschwingend zieht er nun mit
seinem Verbündeten weiter zur Familienhoch-
burg, hinter der ungeschützt und unwissend
die Traunsteins ihren Tagesgeschäften nach-
gehen. Das weibliche Oberhaupt der Familie
wird im Handstreich mit geballtem Charme
überwältigt und der Familienrat mit präziser
Überzeugungskraft schachmatt gesetzt.
Nun kann nur noch ein Wunder Marianne
Traunstein vor dieser Ehe retten.

**Actiondrama**
Ein Hund
namens Bello
Krimi
Ein Profikiller
in der Midlifecrisis

Für sein Herrchen Ingo
Hassel ist Bello der
brave Familienhund, insgeheim jedoch arbei-
tet er für den Paten von Ingo als Auftragskiller.
Als Bello den Job an den Nagel hängen und
sich ganz in den Dienst seines gutbürgerlichen
Herrchens stellen will, bekommt er prompt
Ärger mit dem Paten. Dieser legt Wert auf die
Familientradition, denn bereits Bellos Vater
und Großvater standen als Killer in seinen
Diensten. Verzweifelt sucht Bello Rat bei einem
Hundepsychiater. Als dieser ihn verbellen will,
muss er rasch handeln.

# Gesund & fit

Keine Illustrierte und inzwischen auch keine Zeitung ohne eine eigene Rubrik zum Thema Gesundheit. Bei ganzheitlicher Betrachtung zählen dazu Körper und Seele. Und wo, wenn nicht dort, sitzt das selige Glück Frischverheirateter! Damit das auch so bleibt, können Sie dem Brautpaar einige Top-Ehe-Hausmittel und Ehe-Wellness-Tipps mit auf den gemeinsamen Weg geben.

## Mehr Power für die Ehe

Ein kräftiges Verschnupftsein des Partners reicht, und schon ist das Partnerklima unterkühlt. Super, wenn Sie sich dann auf ein bewährtes Krisenmanagement-System verlassen können. Es wehrt eine dauerhafte Verstimmung des Partners ab, die sich leicht auch zu einer Krise auswachsen kann. Diesen optimalen Schutz vor Beziehungsfrust möchten Sie auch haben? Wir sagen Ihnen, was Sie dafür tun können!

### Täglich gemeinsam lachen

Gemeinsames Lachen verbindet die Partner, senkt den Blutdruck und den Cholesterinspiegel, glättet die Haut, entspannt die Seele und ist daher ein natürlicher Abwehrstärker gegen Beziehungsüberdruss. Denn nur wer gemeinsam lacht, lacht sich auch immer wieder in das Herz des Partners.

### Auf das richtig Partnerklima achten

Übertreiben Sie es mit Aufmerksamkeiten nicht, wenn Ihr Partner verschnupft sein sollte. Sonst wird dies womöglich als selbstverständlich angesehen und verpufft im Notfall. Wichtig: Regelmäßige kleine Aufmerksamkeiten erhalten die Zuneigung des Partners.

## Immer in Bewegung bleiben

Mutieren Sie nicht zur Couch-Potatoe vor dem Fernseher. Gemeinsame Bewegung an frischer Luft tut der Partnerschaft gut. Sie bekommt so eine Extraportion Zweisamkeit, insbesondere, wenn Sie gemeinsam die gleiche Sportart betreiben. Das steigert die »Killerzellen« gegen Beziehungsfrust. Mufflige Stimmungen werden dadurch ausgeschaltet. Am besten werden Sie täglich gemeinsam 30 Minuten aktiv.

## Mit Wechselschmusen in den Tag starten

Das kostet Überwindung.
Doch morgendliches Wechselschmusen trainiert den gefühlvollen Umgang miteinander. Sich intensiv kurz einander zuwenden, zuerst den Partner zärtlich beschmusen und sich dann beschmusen lassen. Dies mehrmals im Wechsel wiederholen und das Ganze mit dem Aufstehen beenden.

## Anti-Schnupfen-Mix genießen

Ist eine Verschnupfung des Partners im Anmarsch? Eine Power-Portion Vitamin A (Aufmerksamkeit) und Vitamin V (Verwöhnen) sorgen dafür, dass die Beschwerden klein bleiben und rasch verschwinden. Dies steckt in diesem Mix: 100 % Zärtlichkeit, 100 % Wünsche-von-den-Augen-Ablesen und 2 herzhafte Küsse vorneweg. Das Ganze mit seliger Wonne abschmecken.

## Pflanzenkraft nutzen

Nutzen Sie die Kraft der Natur: Frisches Obst und Gemüse enthalten Ballaststoffe, die das gemeinsame Schiff fest im Wasser halten.
Spurenelemente lassen Sie auf der gemeinsamen Spur, also dem richtigen Paar-Kurs bleiben, und Mineralien machen die Beziehung so richtig gehaltvoll.

# Ehe-Wellness

Kneipen Sie Ihre Ehe immer wieder in Form. Dieses Wellness-Kurzprogramm für Frisch- und bereits länger Verheiratete hilft Ihnen über die tristen Klippen des Ehealltags hinweg und wendet so manchen Frust bereits im Vorfeld ab. Entwickelt wurde das Programm von Dr. Elvira Sonnenschein. Weitere Informationen finden Sie in dem Buch »Ehe-Wellness. Tipps und Anregungen für eine glückselige Ehe« aus dem Ehegespons Verlag. Darin finden Sie auch die 17 besten Ehecocktails, getestet von der Stiftung Eheglück.

### Wohlfühl-Tipps für trübe Ehetage

- *Mehr Zärtlichkeit an tristen Tagen*
- *Lachen für die Ehe-Harmonie*
- *Entspannung zu zweit*
- *Zweiermenüs, die Laune machen*
- *Das Schlafzimmer als Kurzentrum*

### Wissenschaft & Brauchtum

Pfeffer- und Chilischoten, rot, schlank und scharf, setzen nicht nur Glückshormone frei, sondern dienen auch dem Liebeszauber. Chili kann in größeren Mengen Glücksgefühle auslösen und schmerzstillend wirken, da das Gehirn als Reaktion auf den starken Reiz Endorphine ausschüttet. Zudem tragen Chilischoten angeblich zur Senkung von Blutdruck und Cholesterinspiegel bei. Vielleicht noch wichtiger: Werden sie in der Brautnacht dem Bräutigam unters Kopfkissen gelegt, so ist er sein ganzes Leben lang treu.

# Ideen, Rat & Hilfe

Kleinanzeigen sind ein Muss für alle Zeitungen und Zeitschriften. Doch was kann einem taufrisch verheirateten Paar schon angeboten werden? Wie wäre es denn mit einem »Kochkurs für Liebeshungrige«? Erfinden Sie für das Brautpaar, gemäß seinen Vorlieben und Hobbys, selbst Anzeigen. Anregungen finden Sie in Tageszeitungen, Zeitschriften und Magazinen. Sie können Ihre Kleinanzeigen in Ihrer Zeitung verstreuen oder alle gemeinsam auf eine Zeitungsseite setzen.

## Klein, aber fein

Wie bei den Kleinanzeigen von Zeitungen bieten sich auch für Sie Rubriken an wie »Suche/Biete«, »Verkaufe/Verschenke«, »Gesucht/Gefunden«, »Beauty & Wellness«, »Reise«, »Seminare « und anderes mehr.

Sie können solche Kleinanzeigen sogar nutzen, um die »Darsteller des Abends« vorzustellen und somit das Unterhaltungsprogramm der Hochzeitsfeier in der Zeitung sozusagen zu »verewigen«. Sämtliche Vorführungen lassen sich kurz zusammenfassen: Freunde, die ein Ständchen darbringen oder einen Sketch aufführen, ein Zauberer oder Alleinunterhalter, der die Gäste im Bann hält, der begabte Teenager mit seinem Riverdance oder die Freunde des Brautpaars mit ihrer Diashow. Auch die Erinnerung an gemeinsame Spiele halten Sie mit einer Kleinanzeige wach.

**Übereinstimmungsspiel**

Haben die **Brautleute** richtig gewählt? Passen sie wirklich zusammen? Doch auch andere **Paare** unterziehen sich dem Beziehungstest. Jede **Weigerung** ist zwecklos. Wer passt zu wem? Lachen und attraktive **Preise** werden garantiert.
Der Hochzeitsmanager

**Schnuller für Schnarcher**
Sie lieben Ihren Partner, bekommen aber an seiner Seite kein Auge zu, weil er lautstark schnarcht? Dann hilft Ihnen diese Erfindung für Erwachsene weiter: ein spezieller Schnuller, der die Zunge beim Schlafen in einer »Parkposition« hinter den Zähnen hält. *Fordern Sie noch heute unseren Prospekt an oder bestellen Sie gleich unter* ☎ (♥♥ ♥♥) ♥♥ ♥♥

**A Capella** Unser charaktervoller Gesang schlug die Kapelle nicht in unseren Bann. Daher verzaubern wir unser Publikum unverstört von instrumenta... Untermalung. Kostengünstig und platzsparend zu buchen unter
*Chiffre: A-Capella-Chor Ohrfeln.*

## Wellness-Kur für Ihre Ehe

### Wandern fürs Eheglück

Spezielle Wellness-Wochenenden
für Ehepaare in den luftigen Höhenlagen
der glücklichen Alpen.
Niedrige Wolkenlage, durchsetzt
mit rosa Wolken, wird garantiert.
Für jedes Paar ist der siebte Himmel erreichbar.

Weitere Informationen erhalten
Sie im Eheverkehrsamt von Eheglühen.

www.ehegluehen.de

### Die F.-C.-Fröhlich-Kur in Ihrer Nähe!

Unsere Lachkur nach F. C. Fröhlich mit ihrem
humorigen Ansatz dient zur Vorbeugung und Vermeidung von Stress.

**Unser Angebot für Brautleute:**
15-mal Lachen am Tag wirkt gegen Hochzeitsstress
und setzt Glückshormone frei, sodass Sie ganz entspannt Ihren schönsten Tag im Leben genießen können. Darüber hinaus reduziert Lachen Bluthochdruck,
Herz- und Kreislaufbeschwerden und andere stress-
bedingte Hochzeitskrankheiten.

**Unser Angebot für Ehepaare**
hilft, mittels Lachen das positive Lebensgefühl und
somit die glückhafte Zweisamkeit zu steigern. Die
gesündeste Art des Lachens ist das Lachen über sich
selbst. Es hilft gegen Depressionen, lindert Rücken-
schmerzen und erleichtert vermeintlich Schweres.
Nichts einfacher als das! Lernen Sie, mit Ihrem Partner über sich und gemeinsam über all die Unbill des
Lebens zu lachen.

**Lach- und Humorzentrum Freudenstadt
Info@froehlichkeit.de**

Individuelle Astro-Ehe-Beratung
Haben Sie Fragen zur Partnerschaft?
Möchten Sie wissen, wie Sie in
Ihrem gemeinsamen Eheleben noch
glücklicher werden oder gar eine
Krise meistern können?
Interessiert Sie die Konstellation der
Sterne für Ihr Kinderglück?

Dann kann Sie unsere Astrologin
Leika Sterntaler
persönlich beraten

(Honorar nach Vereinbarung).
Informationen unter Telefon
(★★ ★★) ★★ ★★ ★★

*Sich wieder finden
Eheballast abwerfen
Beziehung entschlacken*

**1 Woche schon ab 100 Euro**

Fasten-Urlaub für Preisbewusste

Sylt. Usedom. Toskana. Provence. Daheim.
EheVital. Vitalclinic
33333 Daheim, Paarstraße 3

Seit 15 Jahren
mit großem Erfolg

ORIGINAL-EHEJUBILÄUMS-DIÄT
NACH LOTTE SCHMALHANS:

## „Ausdauer-Diät"

Zur Erneuerung, Kräftigung,
Entgiftung, Re-Vitalisierung und
für eine enorme Glückszunahme

KUR-PARK–VILLA-KUNTERBUNT
Hans im Glück
77777 Hochstimmung, Glücksstern 3

51

# Horoskop

Ein Horoskop ist die astrologische Berechnung der Positionen von Sonne, Mond und Planeten für einen bestimmten Zeitpunkt und Ort auf der Erde. Die Darstellung bezieht sich normalerweise auf die Geburt eines Menschen. Horoskope verwendet man, um Erkenntnisse über den Charakter dieses Individuums zu gewinnen und Ereignisse in seinem Leben vorauszusagen.

## Sternstunden des Brautpaars

Die meisten Menschen erklären, niemals Horoskope zu lesen – doch fast jede Zeitung und Zeitschrift enthält diese Rubrik. Und die Printmedien kennen ihre Pappenheimer! Ob da nicht manch einer mogelt und heimlich doch sein Tages-, Monats- oder Jahreshoroskop liest? Außerdem wissen wir doch alle: Sensibel ist der typische Fisch, aufbrausend der typische Widder und unversöhnlich der typische Steinbock.

Aus all diesen Gründen sind Horoskope natürlich ein Muss für jede Hochzeitszeitung. Denn wer will nicht mit Spaß in die Zukunft des Brautpaars gucken?

Für das Horoskop in Ihrer Hochzeitszeitung haben Sie die Wahl zwischen

→ **Tageshoroskop**
die Sterne am Hochzeitstag
→ **Monatshoroskop**
die Sterne in der Flitterwochenzeit
→ **Jahreshoroskop**
was die Sterne für das erste Jahr prognostizieren
→ **Beziehungshoroskop**
Zusammenpassen von Sternzeichen
→ **Themenhoroskop**
zu den Themen Liebe und Partnerschaft

Gehen Sie dabei vor allem auf die Charaktereigenschaften von Braut und Bräutigam ein, und heben Sie diese im Zusammenhang mit den typischen Eigenschaften des Sternzeichens hervor.

Ein Horoskop in einer Hochzeitszeitung kann betont ernsthaft oder auch humorvoll angelegt sein. Als übergeordnete Themen eignen sich
- Gesundheit und Wohlbefinden
- Liebe und Partnerschaft
- Finanzen und Karriere

Darüber hinaus können Sie Kästchen mit »Zahlen des Glücks«, »Glückssteinen der Braut/des Bräutigams« und einer »Vorschau auf den nächsten Monat/das nächste Jahr« einfügen. Für Glückssteine ziehen Sie am besten ein Nachschlagewerk über Steinheilkunde zu Rate.

Neben dem bei uns üblichen, abendländischem Horoskop mit seinen Tierkreiszeichen gibt es noch weitere Möglichkeiten der Schicksalsdeutung, die sich ebenfalls nach Geburtsdaten richten. Wie wäre es denn mit »Tiger heiratet Affe«? Womit wir beim chinesischen Horoskop wären. Doch auch das indianische und das ägyptische Horoskop lassen sich ebenso gut ernsthaft verwenden oder gar lustig verfremden.

# Versöhnung im Sternzeichen

Ein großes Wort, für manche Menschen jedoch ein Ding der Unmöglichkeit.
Können Sie Ihrem Partner verzeihen? Die Sterne lassen einige Vermutungen zu.

### Widder (21. 3. – 20. 4.)
Schnell und dynamisch ist er, der impulsive Widder. Doch nicht jeder Partner lässt sich gleich wieder aus der Wüste holen, in die er so unvermittelt geschickt wurde. Je schneller und direkter man reagiert, umso wahrscheinlicher ist jedoch die Versöhnung. Auch diese kann emotional anregend sein!

### Stier (21. 4. – 20. 5.)
Der friedliebende Stier regt sich nicht wegen Lappalien auf. Kommt es letztlich doch zu einem Streit, muss er ein Weilchen überlegen und verdauen, bis er wieder einlenken kann. Doch man kann ihn auch zur Versöhnung locken. Ein bisschen Romantik und Erotik darf dann schon sein.

### Zwilling (21. 5. – 21. 6.)
Nur zu schnell rutscht diesem Plappermäulchen eine Bemerkung heraus, die es hinterher bereut. Deshalb kann der Zwilling auch gut auf andere zugehen und eine Versöhnung vorschlagen. Versöhnen Sie »Ihren« Zwilling mit einem Kurztrip, denn mit Abwechslung lässt er sich immer locken.

### Krebs (22. 6. – 22. 7.)
Krebse können Fehltritte gleich welcher Art mit einem Bann belegen, der gut und gerne einige Tage anhalten kann. Da hilft kein »Mea culpa« und kein noch so tolles Versöhnungsangebot. Doch mit kleinen, beständigen (Liebes-)Aufmerksamkeiten lässt sich auch ein Krebs irgendwann aus seiner Schmollecke locken.

### Löwe (23.7. – 23.8.)
Gnade vor Recht ergehen lassen ist seit alters her ein Privileg der Könige. Daher reicht der Löwe gern die Hand zur Versöhnung und freut sich, wenn alles wieder im Lot ist. Doch er wartet nicht nur auf versöhnliche Angebote, er kann auch gut auf andere zugehen. Mit Lob und kleinen Geschenken lässt er sich gewinnen.

### Jungfrau (24. 8. – 23. 9.)
Was heißt hier Versöhnung? Zunächst muss geklärt werden, wieso es überhaupt zu Unstimmigkeiten kam. Die nüchterne Kritik der Jungfrau macht vor einem schuldbewussten Gewissen nicht halt. Der Grund des Streites muss behoben sein, bevor es zur Versöhnung kommen kann. Schlichte Großzügigkeit ist Sache der Jungfrau nicht.

### Waage (24. 9. – 23. 10.)
Harmonie ist viel schöner als Streit und Zwist. Die typische Waage liebt einen fairen Ausgleich. Ein niveauvoller Umgangston sowie eine gepflegte Erscheinung sind jedoch die Grundlage für eine Versöhnung. Die schönen Dinge des Lebens sind eben wichtiger als ein dauerhafter Kleinkrieg.

### Skorpion (24. 10. – 22. 11.)
Ein Skorpion hat genaue Vorstellungen davon, was er verzeihen kann und was nicht. Liebe und Versöhnung sind letztlich nur für Menschen gedacht, die im Grunde verlässlich geblieben sind. Sein engmaschiges Raster ist nichts für Menschen, die zu permanenten Fehltritten neigen.

### Schütze (23. 11. – 21. 12.)
Da der Schütze mit seiner offenen Art oft aneckt, könnte er die Versöhnung erfunden haben. Da er selbst das Einlenken des anderen häufig braucht, gibt er sich in dieser Hinsicht auch großzügig. Doch wer sich unversöhnlich und kleinkariert zeigt, wird seine Liebe auf Dauer verlieren.

### Steinbock (22. 12. – 20. 1.)
Mit einem Steinbock hat man es schwer, und eine Versöhnung ist nicht immer möglich. Wenn ein Steinbock der Meinung ist, man habe ihn gekränkt, gibt es oft kein Zurück mehr. Und sei die Missetat auch noch so klein. Wer sich versöhnlich gibt, kann bei Alltäglichem auch auf Versöhnung hoffen. Doch ... siehe oben.

### Wassermann (21. 1. – 19. 2.)
Dieser Freigeist könnte die Toleranz erfunden haben. Was der Wassermann in Sachen Fehltritt verzeiht, das wäre für andere einfach undenkbar. Eine Versöhnung ist immer ein Fortschritt und das Leben ohne Kontroversen einfach zu langweilig. Außerdem ist es doch schön, die Gesellschaft ab und an ein bisschen zu schocken.

### Fische (20. 2. – 20. 3.)
Nicht immer ist dem sensiblen Fisch möglich zu verzeihen, obgleich er das doch nur zu gerne möchte. Liebevolles Verständnis und emotionale Menschlichkeit sind ihm in einer Beziehung überaus wichtig. Fantasievollen Menschen vergibt der Fisch weitaus eher als nüchternen Logikern. Allzu offene Direktheit kann ihn verschrecken.

# Zwangsversteigert

Versteigerung zum Zwecke der Eheschließung. Der Tradition dieser Zeitung gemäß, unterstützt die Redaktion »Liebe deinen Nächsten« auch heute wieder ein förderungswürdiges Projekt, das einem guten Zweck dient.

## Weg mit Nutzen!

Noch ist die Kleingruppe Hassel/Traunstein zwar kein eingetragener Verein (dazu fehlen noch fünf weitere Gründungsmitglieder – die sich hoffentlich bald einstellen werden). Dennoch wollen wir dem jungen Glück finanziell unter die Arme greifen. Hierfür werden nun folgende Gegenstände zwangsversteigert, da sie doppelt gemoppelt nicht notwendig oder gar doppelt unsinnig in einem Haushalt sind. Die Pfiffigeren unter unseren Lesern haben es sicher schon erfasst: Die Gegenstände stammen aus der Haushaltszusammenlegung des Brautpaares – aus der Aktion »Aus zwei mach einen«. Sie sind voll funktionsfähig und sofort einsatzbereit. Einsatzort: Ein anderer Haushalt, der nicht unbedingt von einem Junggesellen oder einer ebensolchen Gesellin geleitet werden muss, da die Geräte durchaus familientauglich sind. Eine Garantie wird selbstverständlich für gar nichts über-, das Geld jedoch gerne angenommen.

### Heute besonders günstig

Eierkocher *(Neuwert: 8,90 Euro)*
noch unverkalkt
Bügeleisen *(Neuwert: 52,90 Euro)*
bügelologisch einwandfrei zum Plattmachen von allerlei Textilem
Bügelbrett *(Neuwert: 39,80 Euro)*
auch ganz nett als Ablagefläche
Staubsauger *(Neuwert: 49,90 Euro)*
optisch ansprechend, Leistung mehr als fragwürdig
Hängematte *(Neuwert: 34,20 Euro)*
Einfachmatte zum Anti-Aging für Junggesellinnen
Krimipaket *(Neuwert: 5560 Euro)*
von Doppellesern ausgewählte Superspannung für Singles
Set Pfannen *(Neuwert: 102 Euro)*
zur Selbstverteidigung im Paarungsfalle
Sportflitzer *(Neuwert: 24,60 Euro)*
zum Eindruckschinden bei Weibchen
Brautschuhe *(Neuwert: 189 Euro))*
für das Glück zu zweit – daher auch zwei Schuhe!!!

Ihr Gebote richten Sie bitte an die Zeitung, die dann nach Belieben entscheidet, wer was bekommt. Weitere Objekte werden in der nächsten Ausgabe dieser Zeitung in 25 Jahren präsentiert.

# MIT ALLEN SINNEN

*Essen und Trinken öffnet die Sinne,*
*und sind diese geöffnet, hält Amor*
*bestimmt die Erotik bereit.*
*Denn: Der Appetit kommt so oder*
*so beim Essen.*

# Junggesellen kochen scharf

Der Bräutigam möchte dieses Forum nutzen, um das Rezept seines letzten Jung-gesellenmahls an die Junggesellen unter den Lesern weiterzugeben. Das Mahl sollte weitgehend allein – auch wenn man plötzlich doppelt sehen sollte – vor- sowie zubereitet und dann gleichermaßen gemütlich wie genüsslich verspeist werden. Anregungen, das lukullisch-süffige Mahl abzuändern oder zu verfeinern oder gar den Kochprozess zu beschleunigen, können als Leserbriefe an diese Hochzeitszeitung gerichtet werden.

## Hähnchen mit Brandy

Man kaufe ein Hähnchen von normalem Gewicht und eine Flasche Brandy. Dazu Salz, Pfeffer, Speiseöl (nach Geschmack) und gut durchwachsene Speckstreifen.

Hähnchen mit Speckstreifen belegen, gut verschnüren, reichlich salzen, gut pfeffern und etwas Öl dazugeben. Ofen auf 200 °C vorhei-zen. Dann ein Glas Brandy einschenken und auf gutes Gelingen trinken. Anschließend das Hähnchen auf der Fettpfanne in den Ofen schieben. Nun schenke man sich zwei kleine, schnelle Gläser Brandy ein, denn auf einem Bein steht auch ein Hähnchen schlecht, und trinke diese wiederum auf ein gutes Gelingen.

Den Ofen nach 20 Minuten nach Belieben höher stellen, damit das Gefügel ordentliich gart. Danach schenkt man sich drei weitere Brandys ein, denn aller guten Dinge sind bekanntlicherweise drei.

Nach halbn Schdunde Ofen öffnen und Hähnccch behutsam wenden. Vorm Ofen sitzn bleibn und den Braten überwachn. Die Brändiieflasche ergreiff unn noch eins krätiga Schluck nehma. Nach ner weitern hicks Schunnde langsam den Ofen öffnen und das

Hähnccch rumwenden. Aufgepaaasst: Di Schaisss-Ofndür isch teiriscch hoiss.

Sisch a größers Glas nehma und waidere drei Brändiies innem Glas sisch unn so. Des Hin mal wieda rumwenda. Ofadür isscihimma noa hoiss. Dempratur wegschalta und a bisselr dösa. Hups aufwacha un a bisslr Brändiees ein-schenken und aufs Finale drinka. Der Scheißvogal ausm Ofa nehma, mit Brnadis begißen, der Erfolg au und ... schnarchhhhhh.

Am nächsten Tag den Hähnchen mit scharfer Salsasauce und einer handverlesenen doppelten Portion Aspirin kalt essen.

# Short- und Longdrinks für »(b)laue« Stündchen

Gerührt oder geschüttelt? – Eine umstrittene Frage. Wie auch immer:
Gesellige und lebensfrohe Menschen trinken gerne mal ein Schlückchen,
was durchaus mit Verstand und Gefühl geschehen kann.

## Kleine Ehe-Mix-Kunde

Damit das Brautpaar und alle, die es noch werden wollen oder bereits verheiratet sind, gleich das passende Getränk für die entsprechende Stimmung zur Hand haben, hier eine kleine Cocktail-Kunde.

Gleichviel, ob Sie die Zutaten rühren oder schütteln, lassen Sie sich bei der Zubereitung und beim Genießen Zeit. Aus für Nichtverliebte nicht erkennbarem oder doch schlüssigem oder wie auch immer Anlass sind alle Rezepte für zwei Personen berechnet.

Aus gegebenem Anlass wird heute ein ganz besonderer Short-Drink ausgegeben, der den ganzen Tag über getrunken werden kann. Lassen Sie ihn sich munden und hören Sie ganz genau hin! Für all diejenigen, die die festlichen Klänge noch später klingen hören möchten ...

### WEDDING BELLS

*4 cl Gin*
*4 cl Dubonnet*
*2 cl Brandy*
*4 cl Orangensaft*

Die Zutaten mit Eis im Shaker schütteln und in zwei Cocktailgläser seihen.
Mit offenen Ohren genießen!

Damit sich das »Flittern« immer wieder in Erinnerung rufen lässt und als Appetizer für all diejenigen, bei denen die Heiraterei noch in den Sternen steht – ein Longdrink.

### HONEYMOON

*10 cl Apricot Brandy*
*16 cl Orangensaft*
*4 cl Zitronensaft*
*6 cl Erdbeersirup*
Deko
*2 Orangenscheiben*
*2 Erdbeeren*
*2 Hibiskusblüten*

Alle Zutaten mit Eis im Shaker kräftig schütteln und in zwei Longdrinkgläser gießen.
Die Orange und die Erdbeere nebst den Hibiskusblüten an den Glasrand stecken.

### Brauchtum

Der Begriff Honeymoon lässt sich auf den altsächsischen Brauch zurückführen, dass nach der Hochzeitsnacht das frisch vermählte Ehepaar einen Monat täglich ein Gläschen Honigwein trinken sollte. Das Wort Flitterwochen hingegen leitet sich vom mittelhochdeutschen Wort »vlittern« also »flüstern«, »kichern«, »liebkosen« ab. Man muss sich nur das Brautpaar ansehen und weiß, dass das stimmt!

# Hochzeitsmahl und Brauchtum

In einer Hochzeitszeitung lassen sich auch verschiedene Traditionen darstellen und im Hinblick auf das Brautpaar verfremden. Platzieren Sie z. B. eine Nachricht auf der Titelseite und verweisen Sie auf weiterführende Informationen im Innenteil. Wählen Sie hierfür aus den angebotenen Texten einen oder mehrere aus und passen Sie ihn der Hochzeitssituation an.

## Titelseite

### Vermischtes

**Suppiges –** Zuerst brockte Marianne ihrem Ingo die Suppe mit der Hochzeitsreise in die Karibik ein, und nun müssen die beiden diese gemeinsam auslöffeln. Und das soll auch noch Glück bringen? Darauf tranken die Frischvermählten dann einen Schnaps. Und das alles ist nicht Neues unter der Sonne. Brauchtum S. 60

## Innenteil

### Die Hochzeit aus der Suppenwarte – Traditionen neu entdeckt

Die Brautsuppe oder Hochzeitssuppe gibt es sowohl in Nord- wie auch in Süddeutschland. Es gab regional fest überlieferte und geheim gehaltene Rezepte, die sich meist auf ein Gericht mit Rind- oder Hühnerfleisch bezogen, aus dem eine kräftige Brühe gekocht wurde. Zu dieser Suppe lud man Freunde und Verwandte ins Brauthaus ein, da die Suppe am Vormittag vor dem Kirchgang gegessen wurde.

*Glücksbrot*
*Auf diesen Brauch bezieht sich die Redensart:*
*»Gemeinsam die Suppe auslöffeln, die man sich eingebrockt hat.«*

Die Glücksbrot- oder die Morgensuppe wurde vor dem Kirchgang im Wirtshaus gegessen. Das Glücksbrot ist wichtig, damit beides, das Glück und der Wohlstand, künftig im neuen Hausstand nie ausgehen möge.

Dort, wo die Brautleute selbst zur Hochzeit einluden, erhielt die Braut in jedem Haus ein Stück Brot, das so genannte Glücksbrot. Dieses Brot wurde am Hochzeitsmorgen in die Glück bringende Morgensuppe gebrockt. Es gibt jedoch auch den Brauch, dass jeder der Geladenen ein Stück Brot mitbringt, dieses in die Suppe gebrockt wird und alle gemeinsam die Morgensuppe auslöffeln. Die Brautleute mussten die Suppe gemeinsam aus einem Teller essen und dabei auch die Löffel tauschen.

### Brot und Salz

Gott erhalt's! Salz war einst sehr kostbar, und gemeinsam mit dem Brot ist es ein Symbol für den Wunsch, dass der Wohlstand nie ausgehen möge. Außerdem, womit sollte die Braut dem Bräutigam auch sonst die Suppe versalzen! Aus dem gleichen Teller mussten Bräutigam und Braut die Brautsuppe essen und dazu aus einem Glas trinken, um so die beginnende Lebensgemeinschaft zum Ausdruck zu bringen. Denn geteiltes Brot ist bekanntlich halbes Brot!

# Wurzelwerk und Liebeszauber

Viele Mythen und Legenden aus aller Welt berichten von mächtigen Aphrodisiaka, die in Liebesdingen Wunder vollbringen. Aphrodite, die griechische Göttin der Liebe, gab den sinnlich verheißungsvollen Zutaten ihren Nahmen: Aphrodisiaka. Ob diese wohlschmeckenden Lebensmittel, Kräutlein und Gewürze tatsächlich Wunder vollbringen, wer weiß das schon genau? Köstliche Gerichte lassen sich allemal damit kreieren, und dann schau'n mer mal! Hier eine Auswahl.

## Schwung fürs Liebesleben

### Artischocke

Die Artischocke steht im Ruf, eine kräftigende und lustfördernde Wirkung zu erzielen. Die erotischen Empfindungen werden wohl von den vielen anregenden Bitterstoffen hervorgerufen. Schon optisch bietet dieses Gemüse einen erotischen Anblick. Sieht es nicht aus wie eine geheimnisvolle Frucht mit verborgenem erlesenem Inhalt, die Stück für Stück entblättert werden will?

### Chili

Das ist im doppelten Sinn des Wortes der Scharfmacher unter den Gewürzen. Der darin enthaltene Wirkstoff Capsaicin steigert die sexuelle Leidenschaft. Der Charakter des Chili ist von äußerst feuriger Natur, schon kleinste Mengen entfachen Flammen der Lust.

### Ingwer

Ingwer wärmt die Sinne und ist ein vielseitig verwendbares Liebesgewürz. Sowohl in kräftigeren Speisen als auch in süßen Leckereien verleiht er dem Liebesleben sinnliche Würze. Eine absolute Köstlichkeit ist Ingwer in kandierter Form. Auch als Tee genossen bringt er die Romantik wieder in Schwung.

### Spargel

Der Spargel, wohl eines der edelsten Gemüse überhaupt, enthält aphrodisierende Substanzen. Weibliche Unlust, so sagt man, kann sich bei dem Genuss des köstlichen Gemüses in pure Leidenschaft verwandeln. Beim Anblick der Liebsten, die genussvoll in einen saftigen Spargel beißt – welcher Mann kommt da nicht auf erotischste Gedanken?

### Thymian

In unseren hektischen Zeiten haben selbst liebende Paare kaum Zeit, um neben all ihren Pflichten auch noch die eheliche Kür zu erfüllen. Thymian hilft dabei, Stress abzubauen, denn nur stressfrei lassen sich gemeinsame Muße- und Schmusestunden so richtig genießen.

### Wein

Wein wirkt primär enthemmend, was aber auf den Alkoholgehalt zurückzuführen sein dürfte und von daher für jedes alkoholische Getränk gilt. Wichtig ist dabei jedoch der Genuss in Maßen, da sich sonst Müdigkeit einstellt, und die ist in einer solchen Situation bestimmt nicht erwünscht. Wer seinen Partner sozusagen unter den Tisch säuft, darf sich über einen unengagierten Bettgenossen nicht wundern!

# Lukullische Mahlzeiten

Kochrezepte eignen sich durchaus als »schmackhafte« Beilage für eine Hochzeitszeitung, da sie ihre Zeitungstauglichkeit in allerlei Magazinen, Illustrierten, Werbeheften und in Tageszeitungen hinreichend unter Beweis gestellt haben. Welche Art von Kochrezepten kann oder sollte eine Hochzeitszeitung denn enthalten? Gerne doch auch Rezepte, die gleich mehrere Sinne ansprechen! Dabei sollten die Grenzen des guten Geschmacks jedoch gewahrt bleiben.

## Rezeptologisches

Lassen Sie den Bräutigam das Lieblingsrezept der Braut und die Braut das Lieblingsrezept des Bräutigams niederschreiben, und veröffentlichen Sie es in der Hochzeitszeitung. Sie können das handschriftlich geschriebene Rezept entweder in die Zeitung einkleben (Unikat für die Brautleute) oder auch einscannen und dann in die Zeitung für alle Gäste einpassen.

→ Mit einem realen Kochrezept lassen sich Eigenschaften des Brautpaars überzeichnen. Hat die Braut zum Beispiel häufig kalte Füße und fährt gern Ski, bietet sich »Eisbein in Aspen« an. In einem dem Rezept vorangestellten, kurzen und animierenden Text lässt sich etwas zum Wintersportort Aspen und der »Eisbein-Variation à la Braut« sagen.

→ Und für den Bräutigam, einen überzeugten Anti-Alkoholiker, gibt es den Drink »Promille Null« – wohlgemerkt geschüttelt und nicht gerührt!

→ Erfinden Sie ein völliges Nonsens-Rezept, das sich auf das Brautpaar und dessen Charakteristika bezieht. Kochen Sie nach Ehelust! Oder kreieren sie ein durch und durch erotisches Rezept für zwei Personen – durchaus auch ohne Nahrungsmittel!

### Rosmarinwein
#### zur Stärkung der Liebesgeister

20 g   Rosmarinblätter, kurz gewaschen und gut getrocknet
0,7 l   Weißwein in der Flasche

Die Rosmarinblätter zum Weißwein in die Flasche geben. Gut verschließen und 4–7 Tage an einen sonnigen Ort stellen.
Täglich kräftig schütteln. Dann durch ein Leintuch abseihen und kräftig auspressen.
Den Rosmarinwein in die Flasche zurückgießen und wieder gut verschließen.
An einem kühlen Ort lagern.
Ein bis drei Schnapsgläser des Weins beleben die Lebensgeister und stärken die Liebeskräfte. *

*Nicht für Schwangere und nicht bei Bluthochdruck oder Schlafstörungen.

*Wo Bacchus das Feuer schürt, sitzt Frau Venus am Ofen.*
Sprichwort

# À La Liebes-Carte
## Sinnliche Zutaten für zwei Personen

### Appetizer
*1 Paar, bevorzugt frisch verheiratet*
*1 gemütliches Badezimmer in gedämpftem Licht*
*Badewanne mit angenehm warmem Wasser*
*wohl duftende Badeöle zur Anregung*
*1 Flasche prickelnder Champagner, kalt gestellt und 2 Sektgläser*
*erotisch duftende Badelotion zur Reinigung*

Warmes Badewasser in die Wanne einlassen
Badeöle hinzufügen und mit dem Wasser vermengen
Champagner und Sektgläser in die Nähe der Wanne stellen
Beide Partner behutsam aus den Kleidern pellen
Entkleidete Personen in die Wanne setzen. Champagner eingießen, gefüllte Gläser reichen
Wechselweises Zuprosten der beiden Badenden oder gegenseitige Reinigung mit zärtlich-anmutigen
Bewegungen und wohlduftender Badelotion
Unterbrechungen aufgrund von emotionalem Überschwang sind bei diesem Gang nicht eingeplant,
jedoch möglich

### Herzhaftes
*1 Zimmer, warm wie eine laue Tropennacht, geschwängert mit den angenehmsten Düften*
*mehrere Kissen, groß und sehr bequem, duftende Blumen, verstreut*
*delikate Speisen, appetitanregend angerichtet*
*deliziöse Weine, wohl temperiert*
*gedämpftes verführerisches Licht, sanfte sinnliche Musik*
*Weihrauch zum Verbrennen, exotisch-sinnenhafte Öle*

Das Zimmer mit Kissen, Blumen, Kerzen und Weihrauch in einen Hafen der puren Lust verwandeln
Beide Partner behutsam aus den Kleidern pellen
Fantasie und Sinnlichkeit freien Lauf lassen
Ein Partner liegt auf den Kissen, der andere kniet an seiner Seite
Der Kniende wärmt seine Hände an und gibt mit diesen die exotisch-sinnenhaften Öle auf die Haut
des liegenden Partners
Beginn der sinnlichen Partnermassage
Genuss von Speis und Trank in aller Ruhe, danach Wechsel der Rollen
Unterbrechungen aufgrund von besonders erotischen Gegebenheiten sind nicht nur möglich,
sondern bei diesem Gang gar erwünscht

### Nachspeise
*1 Paar, bevorzugt frisch verheiratet*
*1 gemütliches Bett*
*viel Ruhe*

Beide Personen eng umschlungen in ein gemütliches Bett legen
Entspannt in Ruhe schlafen lassen, bis sich das Verlangen wieder regt

# Sinnliche Ehe

Ein bisschen frivol darf eine Hochzeitszeitung durchaus sein. Dennoch: Vertrauliche oder diskriminierende Informationen über das Brautpaar gehören nicht hinein. Wahren Sie die Grenzen des sittlichen Ernstes, und lassen Sie Ihre Leser dennoch in sinnlichen Fantasien schwelgen.

## Über den Liebesgenuss
**Damals und heute**

### Der Anfang

Der Ehemann bediene in dem mit Blumen versehenen, von aromatischen Wohlgerüchen durchzogenen Wohnort der Wollust, dem für das Lustspiel zurechtgemachten Schlafgemach, die gebadete und wohl

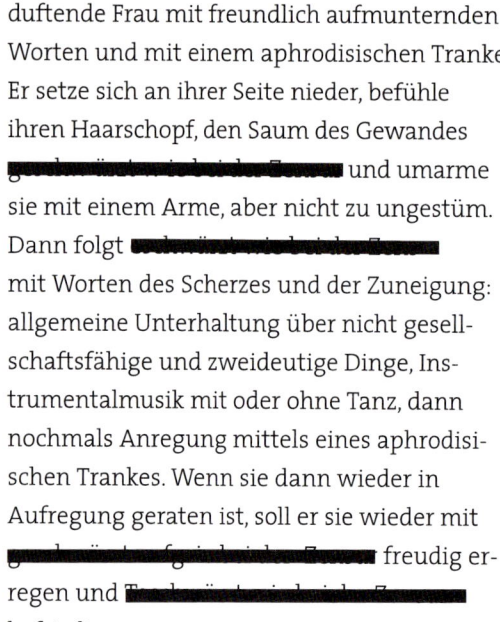

duftende Frau mit freundlich aufmunternden Worten und mit einem aphrodisischen Tranke. Er setze sich an ihrer Seite nieder, befühle ihren Haarschopf, den Saum des Gewandes ▪▪▪▪▪▪▪▪▪▪▪▪▪▪▪▪▪▪ und umarme sie mit einem Arme, aber nicht zu ungestüm. Dann folgt ▪▪▪▪▪▪▪▪▪▪▪▪▪▪▪▪▪ mit Worten des Scherzes und der Zuneigung: allgemeine Unterhaltung über nicht gesellschaftsfähige und zweideutige Dinge, Instrumentalmusik mit oder ohne Tanz, dann nochmals Anregung mittels eines aphrodisischen Trankes. Wenn sie dann wieder in Aufregung geraten ist, soll er sie wieder mit ▪▪▪▪▪▪▪▪▪▪▪▪▪▪▪▪▪ freudig erregen und ▪▪▪▪▪▪▪▪▪▪▪▪▪▪▪▪▪ befriedigen.

So ist der Anfang des Liebesgenusses.

### Das Ende

Wenn sie die Leidenschaft gestillt haben, gehen beide, getrennt und ohne einander anzusehen, ins Toilettenzimmer und nehmen, von dort zurückgekehrt, wieder nebeneinander Platz. Beide nehmen einen Trunk Wasser, Naschwerk oder sonst etwas ihrer Gewohnheit Entsprechendes: klare Säfte, kräftigende Brühen, Kurzgebratenes, Gedörrtes, Früchte – je nach Gewohnheit der Region. Hierbei unterhalte er sie mit geeigneten Erzählungen, erheitere sie mit Anekdoten und verwöhne sie mit allerlei Leckereien, während sie, in seinem Schoße liegend, bewundernd zu ihm aufblickt.

Das ist das Ende des Liebesgenusses.

*(Sehr frei nach dem Kamasutra)*

# Knigge für erotische Stunden
## Oder: Schlafzimmerregeln für Liebende

Erfreulich und spritzig sollen die erotischen Stunden für beide Partner sein. Aber sind sie es auch immer? Damit dieser »heikle Bereich« nicht in eine Schieflage kommt, hier einige Regeln, die Sie einhalten sollten, um einen sinnlich ungehemmten Genuss zu erleben. Natürlich steht Ihnen frei, wie viele Ratschläge Sie sich davon zu Bette nehmen.

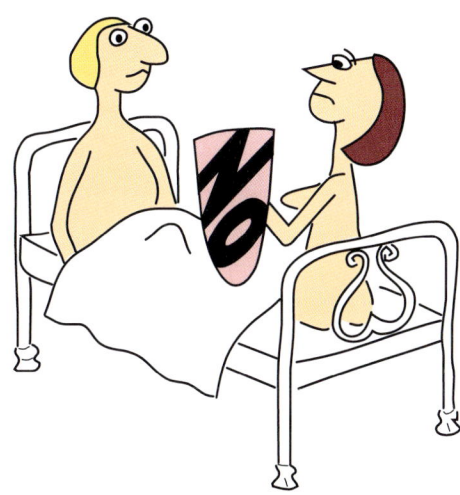

### So ist's richtig

1. Ziehen Sie lieber gar nichts an als etwas Reizloses.
2. Wenn's schon sein muss, tragen Sie saubere, wohlriechende Socken im Bett.
3. Gestalten Sie das Erlebnis sexy und abwechslungsreich – nutzen Sie mal die andere Bettseite.
4. Eile mit Weile: Genießen Sie die intime Zweisamkeit, auch wenn Sie schon längst woanders sein müssten.
5. Gekonnt ablehnen: Sagen Sie auf rücksichtsvolle und behutsame Weise Nein. Bieten Sie eine Alternative an wie »Liebling, lass uns doch die Sportschau gucken.«
6. Seien Sie erfinderisch! Lassen Sie sich was einfallen! (Sie, nicht die Redaktion!)
7. Denken Sie daran, dass Ihr Liebesleben immer wieder eine Auffrischung braucht. Duschen Sie daher gelegentlich vor dem Vorspiel.
8. Genießer, genießen Sie in Ruhe und verursachen Sie keinen unbotmäßigen Lärm.

### So nicht

1. Tragen Sie nichts, was Ihre Großmutter getragen hätte.
2. Streifen Sie schmutzige Socken spätestens auf der Bettkante ab.
3. Schauen Sie beim Liebesspiel weder auf die Uhr noch auf den Fernseher, auch wenn *Sex in the City* schon begonnen hat.
4. Sex ist kein Wettrennen, Sie müssen nicht als Erster durchs Ziel.
5. Gekonnt ablehnen: Sagen Sie nicht vorschnell und brüsk Nein. Zählen Sie bis drei, ehe Sie den Fernseher einschalten.
6. Langweilen Sie Ihren Partner nicht mit erotischen Anekdoten aus Ihren Sandkastentagen.
7. Drücken Sie Änderungswünsche nicht unnötig vage aus. Sagen Sie offen, dass der Nachbar/die Nachbarin Ihnen frischer geduscht vorkommt als der Partner/die Partnerin.
8. Schockieren Sie Ihre Nachbarn nicht. Vermeiden Sie eindeutiges Lärmen am Abend oder in der Nacht. Nutzen Sie lieber die helle Tageszeit, in der nebenan der Staubsauger brummt.

# Sinnlich Schönes

Sinnliches – also alles, was die menschlichen Sinne anregt – lässt sich auch verschenken. Es kann das Jahresabonnement einer besonderen Illustrierten sein oder ein befristetes Theaterabonnement, eine Zehnerkarte fürs Thermalbad oder was auch immer das traute Paar gerne gemeinsam unternimmt und an Interessen teilt. Oder Sie überraschen die beiden mit etwas völlig Unerwartetem. Lassen Sie sich was einfallen!

## Gutscheine zum Verschenken

### Luxus-Wochenende für Verliebte
Eintauchen in die Welt des Wohlfühlens ... Ganz gleich, ob romantisches Wochenende, Aktiv-Aufenthalt oder Wellness-Erlebnis: Im luxuriösen 5-Herzchen-Hotel HabMichLieb in Ehezarten könnt ihr die sinnenhafte Bergwelt von ihrer erotischsten Seite erleben. Gutschein für ein Verwöhnwochenende zu zweit, einlösbar im ersten Ehejahr bei ...

### Schneeschuh-Fackelwanderung
**Winterromantik auf Skiern**
Dunkle Nacht inmitten der Berge, und ihr wandert auf Schneeschuhen durch die verschneite, wildromantische Winterlandschaft. Nur der flackernde Lichtschein eurer Fackel erleuchtet euch den Weg, hinter den Bäumen heulen die Wölfe, eine Sternschnuppe erhellt kurz die dunkle Nacht ...

Lasst euch von eurem Romantik-Abenteuer-Wochenende auf freier Wildbahn überraschen! Ein Tipp: Zieht euch immer hübsch warm an. Onkel Otto sagt euch, wann's losgeht!

### Sushi-Kochkurs
**Nigiri, Maki & Co.**
Gewinnt ganz besondere Einblicke in die hohe Schule der Sushikunst. Lasst euch von Profis zeigen, was alles zu einem richtigen Sushi gehört – von der Vorbereitung und Auswahl der Zutaten bis hin zu jeder Menge Tricks rund ums Röllchen.

Nähere Informationen erhaltet ihr von Christa. Kursgebühr nicht notwendig, pünktliches Erscheinen mit Kochschürze hingegen schon.

Wir, die edlen Spender, freuen uns schon auf die rasch nach dem Kurs erfolgende Einladung, denn: Nur die Übung macht den Meister. Übt an uns – und wir machen euch zu Meistern!

# DIE KUNST DER EHE

*Die Liebe,*
*Welch lieblicher Dunst!*
*Doch in der Ehe –*
*Da steckt die Kunst.*
Theodor Storm

# Grüße aus der Ferne

Schriftliche Glückwünsche – auch fingierte – erfreuen das Paar. Zu solch einem individuellen Glückwunsch passt auch eine persönlich gestaltete Karte.

## Grußwerkstatt

Manche Gäste werden nicht zur Hochzeit kommen, da sie lange im Voraus einen Urlaub gebucht haben oder gar krank sind. Dennoch können sie mit einem Hochzeitsgruß, per Post oder per Internet verschickt, dem Brautpaar zu seinem Hochzeitstag gratulieren. Erfährt die Redaktion rechtzeitig davon, wird sie einen schriftlichen Gruß einscannen und einen Gruß aus dem Internet als Bild herunterladen und in der Zeitung abdrucken.

Da es eine Hochzeitszeitung mit der Wahrheit oft weniger genau, dafür mit dem Humor weitaus genauer nimmt, können solche

Grüße auch fingiert sein. Ein verschmähter Liebhaber, der Bundeskanzler, der Finanz- oder Familienminister, der Bund für Natur, der Papst oder ein kirchlicher Würdenträger, ein (Literatur-)Nobelpreisträger, ein ehemaliger Klassenlehrer oder Universitätsprofessor, der letzte Chef und viele andere mehr können die Eigenschaften der Braut oder des Bräutigams in einer Grußbotschaft karikieren. Gleichviel, ob echt oder erfunden – die abgedruckten Glückwünsche sollten eine eher humorige Note haben.

# Festreden

Eine Hochzeit ohne Festreden ist im Grunde undenkbar. Abgedruckt bleiben sie dem Brautpaar und der Hochzeitsgesellschaft noch lange in Erinnerung.

## Reden auf den Punkt gebracht

Informationen darüber, wer wann eine Rede halten wird, erhalten Sie vom Brautpaar oder vom Hochzeitsmanager. Die Redenmanuskripte können Sie sich vor der Hochzeit zuschicken lassen und dann, je nach Umfang der Reden, festlegen, welche Sie abdrucken wollen. Bei traditionellen Hochzeiten spricht zuerst der Geistliche, falls er anwesend ist, dann der Brautvater und der Vater des Bräutigams, und anschließend können Geschwister, Trauzeugen oder Freunde das Wort ergreifen. Heutzutage bedanken sich Braut und Bräutigam häufig mit einem Grußwort bei den Gästen für ihr Kommen.

Da Erinnernswertes und Humoriges gleichermaßen in einer Hochzeitszeitung vertreten sein soll, können Sie auch eine fingierte Rede abdrucken – auch von einem durchaus fingierten Redner –, die Brautpaar und Gäste gleichermaßen schmunzeln lässt.

*Liebes Brautpaar, liebe Gäste!*

*Die Kräfteverteilung zwischen Braut und Bräutigam war in der Schlussetappe vor der Vermählung so beschaffen, dass wir nun von einem ausgewogenen Doppelglück zweier Menschen ausgehen können. Die beiden, Ingo und Marianne, trafen sich vor zwei Jahren in einer Situation, in der sie der Zufälligkeit unbewachter Lebensstimmungen überlassen waren. Sogleich legte Amor den Pfeil an, schoss und traf beide zugleich ins Herz. Zwei auf einen Streich! Gleichermaßen tief und unbemerkt vom amourösen Pfeil getroffen, wunderten sie sich nur noch, warum sie durch die Schräglage der Erde nicht von derselben rutschten. Beide hielten sich für die Glücklichsten der Sterblichen, da sie unsterblich ineinander verliebt waren und es noch immer sind. Möge das ein Leben lang so bleiben! Darauf möchte ich nun mit euch anstoßen. Das Brautpaar lebe hoch!*

*In der Zeitung können auch Glückwünsche von »Nicht-Rednern« aufgenommen werden. Schreiben Sie die Gäste an und geben Sie ein Motto vor wie »Ich wünsche dem Brautpaar ...«.*

# Partnertest

Persönlich und von der Redaktion zertifiziert, kann sich das Paar mit anspruchsvollen Fragen selbst testen.

## Herzlich willkommen bei »Testet Euch selbst«

Psychotests erfreuen sich großer Beliebtheit und sind daher in vielen Zeitungen und Illustrierten zu finden. Selbstfindung, Erkenntnis, Fragen und Information über das Wo, Wann und Warum stehen im Mittelpunkt. Die Tests dienen der Bewältigung von Lebensproblemen und geben mehr oder weniger aufschlussreiche Hinweise zur Beurteilung der eigenen Persönlichkeit. Nur der eigenen? Sicher lassen sich aus den Ergebnissen von Partnertests auch Rückschlüsse auf den Partner ziehen. Für Hochzeitszeitungen erstellen Sie einen lustigen »Fun-Test«, der den Brautleuten hilft, mehr über sich und über einander zu erfahren. Schneiden Sie den »Fun-Test« auf die Brautleute, ihre Eigenschaften und Hobbys zu.

Vorlagen für solche Tests finden Sie in Zeitschriften aller Art und im Internet unter *Psychotests*. Wandeln Sie die Texte humorig und Ihrer Situation entsprechend ab.

Psychotests können unterschiedlich aufgebaut sein. Es empfiehlt sich, Fragen zu stellen, die mit Ja oder Nein beantwortet werden müssen. Am Ende des Tests zählt man jedes »Ja« (einen Punkt) und »Nein« (zwei Punkte) zusammen. Die Auswertung ergibt sich aus der Punktezahl.

Oder Sie erfinden einfach eine Art Auswertung, bei der dennoch ein bisschen gerechnet

**Test entwickeln**

- Wählen Sie ein Thema für den Test.
- Legen Sie die Anzahl der Fragen fest.
- Fertigen Sie eine Stichwortliste mit den Dingen, die im Test abgefragt werden sollen.
- Legen Sie die Anzahl der Antwortmöglichkeiten fest.
- Formulieren Sie die Fragen anhand der Stichwortliste.
- Formulieren Sie zu jeder Frage mehrere Antwortmöglichkeiten.
- Legen Sie die Art der Auswertung fest.
- Formulieren Sie aus den Fragen und Antworten des Tests witzigen Typbeschreibungen.

werden sollte, damit auch alle Antworten in der Wertung enthalten sind. Und wenn einer doch über die Höchstpunktzahl hinauskommt – dann ist er in diesem Test eben der absolute Überflieger!

# Mit Herz und Verstand

Viele Partner beschäftigen sich mit der Frage, ob ihre Gemeinschaft auch wahrhaft von Dauer sein wird. Da sich Gegensätze angeblich anziehen, trifft oft ein kühler Logiker auf einen sensiblen Gefühlsmenschen. Um festzustellen, zu welcher Art Mensch man selbst bzw. der andere gehört, machen Sie gemeinsam diesen Test.

**❶ Sie liegen krank im Bett – Ihr »Schatz« ist mit Freunden verabredet.**

A  Er lädt alle in mein Krankenzimmer ein.

B  Er ist froh, verabredet zu sein, und geht aus.

C  Aus Mitgefühl legt er sich ins Bett und lässt sich von mir pflegen.

**❷ Sie sagen zu Ihrem Partner »Mit dir möchte ich alt werden.« Dieser erwidert:**

A  So lange hält eine Ehe statistisch nicht.

B  Das wäre nicht ausgeschlossen, wenn ich mich nicht neu verliebe.

C  Ich will nicht alt werden, ich bleibe immer jung.

**❸ Sie sind niedergeschlagen. Was sagt Ihr Partner?**

A  Depressionen sind ein Weg der Selbstfindung.

B  Er schweigt und wartet, bis es vorüber ist.

C  Er erzählt mir seinen »Gute-Laune-Witz«.

**❹ Wie reagiert Ihr Partner, wenn Sie ihn um einen Gefallen bitten?**

A  Er erstarrt vor Entsetzen.

B  Er ist grundsätzlich hilfsbereit.

C  Das kommt auf seine Stimmung an.

**❺ Welches Sprichwort sagt Ihrem Partner am ehesten zu?**

A  Vorsicht ist besser als Nachsicht.

B  Schmiede das Eisen, solange es glüht.

C  Frisch gewagt ist halb gewonnen.

**❻ Wie schätzen Sie seine Eifersucht ein?**

A  Er ist oft sogar ohne Grund eifersüchtig.

B  Er ist nur eifersüchtig, wenn ich ihm Grund dafür gebe.

C  Er ist grundsätzlich nie eifersüchtig.

**❼ Was würde Ihr Partner an einem lauen Sommerabend am liebsten tun?**

A  Mit Freunden im Biergarten sitzen.

B  Mit Dampf bügeln.

C  Straßen mit Blumen bepflanzen.

**❽ Welche Aussage würde Ihr Partner am ehesten treffen?**

A  Sex macht ihm mit mir viel Spaß.

B  Mit mir macht ihm Sex viel Spaß.

C  Viel Spaß macht ihm Sex mit mir.

**❾ Welche Erwartungen setzt Ihr Partner in Sie?**

A  … vollwaschbar, pflegeleicht, farbecht.

B  … jung, dynamisch, energiegeladen.

C  … kuschelig, knuddelig, knuffig.

**❿ Wie reagiert Ihr Partner, wenn Sie ihm was schenken?**

A  Er scheint oft enttäuscht zu sein.

B  Häufig wirkt er überrascht.

C  Er freut sich wie ein kleines Kind.

## Auswertung

|     | A   | B   | C   |
| --- | --- | --- | --- |
| ❶   | 2   | 1   | 0   |
| ❷   | –2  | 1,5 | 5   |
| ❸   | –1  | 0   | 3   |
| ❹   | 0   | 3   | 0   |
| ❺   | 1   | 3,5 | 3   |
| ❻   | –5  | 0   | 2   |
| ❼   | –2  | 3   | 0   |
| ❽   | 1   | 1   | 1   |
| ❾   | 0   | 3   | 0   |
| ❿   | 0   | 2   | 4   |

**15–33 Punkte**

Ihr Partner gehört zu Typ A! Sie sollten ihn sofort heiraten, da er einen besonderen »Gute-Laune-Witz« kennt, immer jung bleiben möchte, Sex mit Ihnen ohne Doppelherz bevorzugt und mit Dampf das Eisen schmiedet. Eine Heirat kommt für den mutigen Sternreisenden sofort in Frage.

**4–14 Punkte**

Ihr Partner gehört zu Typ B! Er wünscht sich eine pflegeleichte Partnerin, die ihn mit Freunden im Biergarten Papa und Mama vergessen und schweigend dem statistischen Ende der Ehe entgegensehen lässt. Der vollwaschbare Philosoph in ihm entsorgt Unerwünschtes umweltgerecht. Aufgepasst: Dazu könnte auch Ihre Ehe gehören!

**0–3 Punkte**

Ihr Partner gehört zu Typ C! Dieser Mann ist für die Ehe überhaupt nicht geeignet, da er voller Entsetzen auf Ihre Gurkenmaske starrt, sich nur vorsichtig Ihrem Krankenbett nähert und froh ausgehend einer klerikalen Berufung entgegenblickt. Aus Gründen der Vorsicht schweigt er, bis die Frage der Fragen vorüber ist.

# Aktuelles vom Tage

Eine Hochzeit ist eine hohe Festzeit. Und dennoch: Das Leben geht weiter und hat davor schon begonnen. Das kann mit einem Kalenderblatt gezeigt werden oder mit einer Wettervorschau, denn Wetter gibt es wie das Fernsehprogramm jeden Tag. Leserbriefe, Dementis oder Richtigstellungen, lokale Wirtschaftsnachrichten (auf den Ort des Festgeschehens bezogen) und Pressestimmen wirken immer tagesaktuell.

## Kalenderblatt zum 12. Juli

Was mit diesem schicksalhaften Tag alles verbunden ist

### → Namenstag

Andrea, Felix, Siegbert

### → Geburtstage

- 1884 Amadeo Modigliani; italienischer Maler und Bildhauer
- 1904 Pablo Neruda; chilenischer Lyriker, Literaturnobelpreis 1971
- 1937 Bill Crosby; amerikanischer Entertainer und Schauspieler

### → Bauernweisheiten des Tages

- Im Juli muss vor Hitze braten, was im September soll geraten.
- Fliegt der Bauers über's Dach, ist der Wind weiß Gott nicht schwach!

### → Spruch des Tages:

Liebe allein macht nicht glücklich – man muss auch dürfen und können …

*Alexander Roda Roda, österreichischer Satiriker*

Solche Daten lassen sich unter den entsprechenden Stichworten im Internet oder in Nachschlagewerken wie Stein, »Der große Kulturfahrplan« und Chroniken aller Art finden.

## Fernsehprogramm

Integrieren Sie ein Fernsehprogramm! Für den Hochzeitstag kann das auf unterschiedliche Art geschehen. Entweder Sie kreieren ein Spaßprogramm mit Fantasietiteln, oder Sie lassen reale Filmtitel für den Tag der Tage sprechen. In beiden Fällen kann das Programm in der Unterzeile kurz kommentiert werden.

## TrauDichKanal

**7.00 Uhr**
Morgens um sieben ist die Welt noch in Ordnung.
*Noch schläft das traute Paar …*

**8.30 Uhr**
Wem die Stunde schlägt
*… doch das Hochzeitsläuten weckt Taube.*

**9.00 Uhr**
Frühstück bei Tiffany
*Nicht ohne Stärkung in den Tag der Tage!*

**12.00 Uhr**
Pretty Woman
*Ob das nun künftig immer so lange dauert?*

**13.00 Uhr**
Es geschah am helllichten Tage
*Eine Trauung, noch ohne Folgen …*

## Wetterlage

Alle sprechen immerzu übers Wetter. Und das ist auch richtig so, denn es ist im realen wie im übertragenen Sinn für einen Hochzeitstag ein wichtiger Faktor.

### Wetterbericht zum Hochzeitstag
### Heute:

Die Großwetterlage verspricht ein dauerhaftes Hoch. Allerdings ist zwischendurch mit lokal auftretendem Reisregen und anhaltenden Glückwunschniederschlägen zu rechnen. Es können vereinzelte emotionale Störungen auftreten, die zu tränenden Augen führen. Auch unverhoffte Geistesblitze von Verwandten und sonstigen Anwesenden spielen zeitweise herein. Außerdem ist

mit Reden voller Blitz und Donner und mit heftigem Geschenkeregen zu rechnen.

### Zu später Stund:

Zunehmend lustvoll schwül. Die Luft ist erotisch aufgeladen und wird nur noch von Tanzbeinen durchschnitten.

### Vorhersage für morgen:

Ein Silberstreif von kräftigem Kaffeearoma vertreibt die anhaltende Alkohol-Dunstglocke. Die Luft kann, auch aufgrund wiederholter erotischer Störungen in der Nacht, in einzelnen Fällen ganz raus sein. Dennoch ist mit einer anhaltenden Hochdrucklage zu rechnen.

### Weitere Aussichen:

Heitere und ungetrübte Atmosphäre, womöglich mit Reisefieber durchtränkt.

---

**13.30 Uhr**
Küss mich, wenn du willst
    *… außer dieser einen!*

**14.00 Uhr**
Das Leben ist schön
    *Frisch getraut, nicht gleich gereut, führt …*

**15.30 Uhr**
Der perfekte Ehemann
    *… seine Frau aus der Kirche.*

**16.00 Uhr**
Herzflimmern
    *Und dennoch ist das Herz ein aufgeregtes.*

**16.30 Uhr**
Das Superweib
    *… hat nun …*

**17.00 Uhr**
Ein(en) Mann für jede Tonart

**18.00 Uhr**
Die Entdeckung des Himmels
    *Himmlische Genüsse werden aufgetragen. Sphärenklänge erfreuen das Ohr.*

**19.30 Uhr**
Manche mögen's heiß
    *Suppe oder Rede – an beidem lässt sich trefflich der Mund verbrennen.*

**21.00 Uhr**
Die unerträgliche Leichtigkeit des Seins
    *… nimmt ihren eheartigen Lauf.*

**23.00 Uhr**
Blue Moon/Dancer in the Dark
    *– kein Kommentar*

**24.00 Uhr**
12 Uhr nachts
    *– und immer noch kein Kommentar!*

# Auf's Wort geschaut:
# Ehe und Familie

Nehmen Sie die Sprache beim Wort oder verleihen Sie den Worten neue Definitionen. Humorvoll sollte es in jedem Fall sein. Sie können auch andere Worte aus dem Umfeld von Ehe und Familie wählen wie »Partnerschaft« und »Liebesleben«.

 **Neue Untersuchungen von Sprachforschern vorgelegt:**

## Was Ehe und Familie wirklich bedeuten

Wird in einer Familie geheiratet, stellen sich die davon betroffenen Brautleute und alle beteiligten Verwandten und Freunde aus gegebenem Anlass mal wieder die Frage: Welche Bedeutung messen wir der Ehe in unserer Gesellschaft noch zu? Was bedeutet Familie in unserer Zeit?

Einer neuen Studie zufolge kam die Deutsche Gesellschaft für Familiensinn- und Ehestandsfragen, basierend auf einer keineswegs repräsentativen Schmalspurumfrage, zu folgenden Erkenntnissen:

---

*Ein paar Anmerkungen, die nicht im Duden stehen*

### Was alles zur Ehe gehört

**Eheberater** Ein Fachmensch, der vom Ehepaar um Vermittlung nachgesucht wird und gegen den beide angehen, wenn er dies tut.

**Ehefrieden** Ein Zustand, der erreicht wird, wenn alles Mein und Dein ist, auch die Meinungen.

**Eheglück** Sind Mann und Frau glücklich, sind sie mit sich und ihrer Ehe einig. Wenn nicht, dann eben nicht.

**Ehehälfte** Die andere ist immer die bessere.

**Ehekrach** Meist viel Lärm um nichts.

**Eheleben** Freuden und Leiden, die es nun zu teilen gilt und die man alleine nicht gehabt hätte.

---

### Ehe ist ...

... wenn zwei gleichzeitig sprechen, keiner zuhört und im günstigsten Fall daraus kein Streit entsteht.

... wenn man zu zweit Probleme löst, die man allein nie gehabt hätte.

... eine Gemeinschaft von zweien, von denen beide die bessere Hälfte sein wollen.

... ein Maximum an Versuchung mit einem Maximum an Gelegenheit.

... die einzige Lebensform mit einer Frau, in der der Mann immer das letzte Wort haben kann: Er kann um Verzeihung bitten.

... wenn zwei es längere Zeit nicht miteinander und nicht ohne einander aushalten können.

### Familie ist ...

... wenn alle auf einmal reden, keiner zuhört und man sich blendend versteht.

... eine Art Verein, aus dem man nicht austreten kann.

... schwieriger zu regieren als ein Staat.

... da, wo man hingehen kann, ohne sich vorher telefonisch anzumelden.

... wo der Apfel nicht weit vom Stamm fällt.

... alles, was andere nichts angeht.

# Eheratgeber

Dass guter Rat nicht immer teuer sein muss, können Sie den frisch getrauten Eheleuten in einem Eheratgeber aufzeigen. Orientieren Sie sich an realen Texten, übernehmen Sie deren Symbole, oder verwenden Sie rechtefreie Symbole aus dem Internet (z. B. Google Bilder). Dies und vieles mehr hilft den Brautleuten bestimmt, auf der richtigen Ehespur zu bleiben!

## Mit Rat und Tat ins Eheglück

### Ausreden – schnell erdacht
### Für vielfältige Ausredensituationen

Auf der diesjährigen CeBit, der Computer-messe in Hannover, wurde ein neuartiges und besonders erfolgsträchtiges Computerpro-gramm nebst einer hochmodernen Datenbank vorgestellt. Es enthält für frisch verheiratete ebenso wie für altgediente Ehepaare alle be-kannten und viele innovative Ausreden von Ehemännern. Die Stiftung Ausreden-Test hat dieses Programm in ihrem Testheft vom Juli diesen Jahres mit »Sehr gut« in allen Test-kriterien bewertet. Aufgrund der großen Nachfrage wird derzeit an einem ähnlichen Programm für Ehefrauen gearbeitet.

### Ich kann heute nicht abspülen, weil ...

... ich eine Wasserallergie bekommen habe.
... ich eine Phobie vor fließenden und auch stehenden Wassern habe.
... ich die Haushaltshandschuhe nicht finden kann.

### Ich habe nicht angerufen, weil ...

... der Akku von meinem Handy leer ist.
... keine der wenigen Telefonzellen zu finden war.
... ich dachte, dass du eh nicht da bist.

## Ehestandsbarometer

Mit dessen Hilfe man(n) erkennt, welches Ehe-Donner-Wetter warum angesagt ist

Klar ist, dass sich in einer guten Ehe Himmel und Erde zusammenfügen
Heiter bleibt es, wenn der Mann die Frau als bessere Hälfte akzeptiert
Trüb wird es, wenn der Mann versucht, zum Haupt zu werden
Regnerische Stunden folgen, widerspricht der Mann gar seiner Frau
Windig wird die Zeit, in welcher der Mann gegen seine Frau ficht
Orkanartige Böen durchziehen die Ehe, widerstrebt er ihren Plänen
Schauerig wird's, wenn er nicht nachgibt
Schön, wenn wieder Ein-klang in der harmonischen Ehe herrscht

KLAR

HEITER

TRÜB

REGNERISCH

WINDIG

ORKAN

SCHAUERIG

SCHÖN

# Nach der Hochzeit

Für eine Hochzeitszeitung gibt es im Grunde nur einen Erscheinungstermin: den Hochzeitstag. Und dennoch haben Sie auch die Möglichkeit, die Festzeitung erst nach der Hochzeit fertig zu stellen und dann zu verteilen. Vorteil: Aktuelle Beiträge von der Hochzeit und Bilder des Brautpaars, der Zeremonie und der Feierlichkeiten finden noch in der Zeitung Platz. Dennoch gilt es, alles gut vorzubereiten, damit die Zeitung rasch nach der Hochzeit erscheinen kann. Denn nichts wirkt angestaubter als Nachrichten, die längst keine Neuigkeiten mehr sind.

## Ideenfundus für die »Zeitung danach«

Lassen Sie sich durch diesen Ideenfundus inspirieren, und Sie werden feststellen, dass Ihnen rasch weitere Themen einfallen. Anregungen finden Sie auch in manchen Erzeugnissen der »Yellowpress«, die häufig über Hochzeiten berichtet.

→ **Interviews mit Gästen**

Die Redakteure führen Interviews mit den Gästen. Legen Sie in der Redaktion das Thema oder einige Themen fest, zu denen Sie Fragen stellen möchten, und wählen Sie Gäste aus, die für ihre humorigen Kommentare bereits bekannt sind. Dies kann wie die Telefonaktion auf den Seiten 44 und 45 aufgemacht sein.

→ **Gewinner des Tages**

In dieser Rubrik »Gewinner des Tages/ Abends« können Sie die Brautstraußfängerin, die Gewinner bei Hochzeitsspielen, die Person, die das erste Kuchenstück des Hochzeitkuchens bekam, und andere »Gewinner« mehr vorstellen.

→ **Pleiten, Pech und Pannen**

Was alles schon bei den Vorbereitungen und erst recht am Festtag selbst schief ging und warum dies alles letztlich kein »Drama« war. Aufgepasst: Es sollte hierbei auf einen heiteren Ton geachtet und keinesfalls ein Gast »öffentlich« diffamiert werden.

→ **Ein Brautstrauß mit Folgen**

Kurzreportage über die Brautstraußfängerin und ihre Zukunft.

*Aufnahmen von Gästen, auch den kleinen, lassen sich zu einer Gäste-Fotostory, also nur mit kurzer Bildlegende, schnell zusammenstellen und sind eine wunderbare Erinnerung an das schöne Fest.*

→ **Ein Fest zum Kennenlernen**

Ein neues Paar entsteht.

Auf Hochzeiten liegen erotische Gefühle in der Luft, sodass eine solche Entwicklung nicht ganz unwahrscheinlich ist.

→ **Schnappt die Entführer!**

Ein packender Bericht über die Brautentführung.

→ **Stress, lass nach! Ich war der Hochzeitsmanager**

Exklusiv-Interview mit dem Hochzeitsmanager. Seine schwersten und seine glücklichsten Momente als Hochzeitsmanager. Ein kurzer Rückblick.

→ **Nichts wie weg!**

Die Abreise des frisch vermählten Paares in die Flitterwochen.

→ **Die Schlacht am kalten Büfett**

und warum Tante Clara kein Hähnchenbein bekam.

→ **Panem et circenses**

Brot und Spiele für die Hochzeitsgäste. Ein Bericht über das lukullische Mahl nebst den Mahlzeitern und über die hemmungslosen Spiele, welche die beiden Hochzeitslager enger miteinander verbanden.

→ **Erster Gast / Letzter Gast**

Am besten mit einem Foto dokumentiert. Hier reicht auch eine kurze Bildunterschrift.

Weitere Möglichkeiten finden Sie im Buch auf den Seiten 42 und 43.

**TIPP**

Das Verschicken der Hochzeitszeitung als Streifbandzeitung ist relativ preisgünstig. Erkundigen Sie sich bei der Post, welche Vorgaben Sie einhalten müssen und wie hoch die Kosten sind.

## Checkliste für die »Zeitung danach«

○ Alle Seiten, die nicht mit aktuellen Hochzeitsereignissen gefüllt werden, sind fertig gestellt bzw. auf ihnen wurde Platz für aktuelle Nachrichten freigehalten.

○ Letzte Redaktionsbesprechung vor der Hochzeit

→ Anhand des Seitenplans den Umfang der Nachrichten (Länge der Artikel, Kurznachrichten, Interviews etc.) sowie die Art und Größe der Fotos und Illustrationen festlegen.

→ Die Themen abstimmen und festlegen, wer für welches Thema auf der Hochzeit zuständig ist (Interviews der Brautleute, der Gäste und der Brautstraußfängerin; Verfassen von Nachrichten und Glossen etc.).

→ Für die Interviews kurze Fragenkataloge ausarbeiten und festlegen, ob sie mitgeschrieben oder mit einem Aufnahmegerät aufgezeichnet werden.

→ Fotografen beauftragen und anhand der Themenliste festlegen: Welche Aufnahmen sollen auf jeden Fall, welche können außerdem in der Zeitung erscheinen?

→ Fototechnik (Digital- oder Polaroidkamera) festlegen und mit den anderen technischen Geräten wie Computer abstimmen. Probelauf machen!

○ Die Verteilung der Zeitung nach der Hochzeit klären. Ggf. auf der Post wegen der Verschickung einer Streifbandzeitung nachfragen.

○ Termin für die endgültige Fertigstellung der Zeitung festlegen.

# Tipps der Hochzeitsgäste für das Hochzeitspaar

Unsere Reporter haben auf dem Fest der Feste Tipps und Tricks für ein glücklich-zufriedenes Leben zu zweit gesammelt. Hier die Ratschläge, die die Gäste dem Brautpaar mit auf den Weg geben.

### Solidarität und Vertrauen

Glückliche, liebende Paare sind auch gute Freunde. Und darum halten sie einander den Rücken frei, helfen sich gegenseitig bei Problemen und kämpfen zur Not auch gemeinsam gegen den Rest der Welt. Sie können sich blind aufeinander verlassen.
*Tante Clara*

### Rituale braucht die Liebe

Rituale halten den Zauber der Liebe lebendig und holen die bewegendsten Momente der Beziehung immer wieder zurück.

Daher: Schafft euch Rituale. Gleich ob ihr jeden Mittwoch ins Kino, am Freitag zum gemeinsamen Sporttraining oder zu Silvester auf die Almhütte fahrt – Rituale schaffen im Alltag Raum und Zeit für die Liebe. Und gemeinsam verbrachte Zeit ist Liebe pur!
*Oma Else*

### Eigenständigkeit gefragt

Lieben heißt sich nahe sein wollen, sich dafür interessieren, was der Partner denkt und tut. Dennoch: Liebe bedeutet nicht, sich gänzlich dem anderen anzupassen. Pflegt daher auch eure eigenen Hobbys, Freundschaften ...
*Freundin Katrin*

### Humor

Die Deutschen lachen im Schnitt nur sechs Minuten am Tag. Dabei ist Lachen nicht nur eine gute Medizin, sondern auch eine Liebesdroge – das Gehirn schüttet Glückshormone (Endorphine) aus. Gemeinsam Lachen verbindet und macht euch zu einem glücklichen Paar! Nun denn: Humor ist, wenn man trotzdem lacht!
*Onkel Gustav*

## Carlo, der beste Freund des Bräutigams

# Jetzt will auch ich heiraten!

Der eingefleischte Single Carlo, das verriet er unserer Undercover-Redakteurin, ist auf den Geschmack gekommen. Der Wahlspruch »Ehe, nein danke!« scheint nun auch bei ihm der Vergangenheit anzugehören. Er, der intensiven Beziehungen immer aus dem Weg gegangen ist, will nun tatsächlich das Wagnis einer festen Bindung, mit Ring und Ehesiegel, eingehen! Es wird auch langsam Zeit, dass der wilde Draufgänger den Ehehafen ansteuert.

Ingos Glück hat auch Carlo dazu inspiriert, nun alle Sinne für seine Traumfrau offen zu halten. Ob wohl eine Reise – wie bei Ingo und Marianne, die sich in Rom kennen lernten – die beabsichtigte Wirkung tut? Oder ob sich hinter einer Zufallsbekanntschaft im Café die Traumfrau verbirgt? Oder ob gar eine Kollegin ihn in ihren Liebesbann zwingt? Arbeiten gehen wird er auch weiterhin, wobei sich sein Blick für Menschen, die auch Röcke tragen oder tragen könnten, nun verändern dürfte. Wir werden sehen, zu wem Carlo einmal sagen wird: »Schau mir in die Augen, Kleines!«, was bei 1,89 m Körpergröße nicht schwer fallen kann.

# Gedichte, Sprüche und Zitate

»Wer vieles bringt, wird manchem etwas bringen«, an diesem Goethe-Wort orientiert sich die kleine Sammlung von klassischen Gedichten, geistreich-witzigen Aphorismen, Bonmots und Zitaten, denn all das »trifft meist den Nagel auf den Kopf«.

## Herzlich willkommen bei »Zitieren leicht gemacht«

Gestalten Sie zum Beispiel eine separate Seite unter dem Motto »Doch in der Ehe, da steckt die Kunst«, »Herz ist Trumpf« oder »Worte des Glücks« bzw. einem individuell zum Brautpaar passenden Leitspruch. Die Texte – auf einer Seite unter einem Motto zusammengeführt oder in der Hochzeitszeitung als Füllmaterial eingesetzt – sollten nie ohne Bezug zum Brautpaar sein und das Kennenlernen der Brautleute, ihre Vorlieben und Abneigungen, auch bestimmte Eigenschaften ins sprachliche Rampenlicht rücken. Außerdem können Sie Zitate auch als »Aufhänger« (s. Seite 15) für einen Artikel oder als Schlagzeile (s. Seite 26) nutzen.

Stöbern Sie in Zitatensammlungen, und suchen Sie sich aus berühmten Romanen und Filmen passende Zeilen oder Passagen heraus. Fügen Sie ruhig Dinge zusammen, die im Grunde so nicht zusammengehören, z. B. Strophen von Gedichten aus unterschiedlichen Epochen und verschiedenen Stilrichtungen, und mixen Sie aus allerlei Nachdenklichem, Possierlichem und Amüsierlichem einen anregend spritzigen »Wortcocktail«.

Weitere Gedichte, Sprüche und Zitate finden Sie auf der CD, in Handbüchern mit Zitaten und im Internet (Suchbegriffe: Zitate zur Hochzeit, Zitate zur Ehe).

## Über die Liebe

Verstand und Witz kann leicht ergötzen,
doch fesseln kann allein das Herz.
*Wilhelm Hey*

Die Liebe ist eine Dummheit,
die zu zweit begangen wird.
*Napoleon*

Es ist viel leichter, für eine geliebte Frau
zu sterben, als mit ihr zu leben.
*Lord Byron*

Aus Lieb' oder Vernunft zu frei'n?
Wie sollt' es nicht dasselbe sein?
Da es doch nichts Vernünft'ges gibt
Als eine nehmen, die man liebt.
*Paul Heyse*

Sphären ineinander lenkt die Liebe.
Weltsysteme dauern nur durch sie.
*Friedrich Schiller*

Liebe allein versteht das Geheimnis, andere zu beschenken und dabei selbst reich zu werden.
*Clemens Brentano*

Erst in der Hinwendung zum Du gewinnt
das Ich seinen Bestand.
*Martin Buber*

Es ist immer etwas Wahnsinn in der Liebe, aber immer auch etwas Vernunft im Wahnsinn.
*Friedrich Nietzsche*

... zwei liebende Herzen, sie sind wie Magnetuhren: Was in der einen sich regt, muss auch die andere mitbewegen; denn es ist nur eins, was in beiden wirkt, eine Kraft, die durch sie hindurchgeht.
*Johann Wolfgang von Goethe*

Glücklich allein ist die Seele, die liebt.
*Johann Wolfgang von Goethe*

Liebe ist kein Solo. Liebe ist ein Duett. Schwindet sie bei einem, verstummt das Lied.
*Adelbert von Chamisso*

Lieben heißt, in dem andern sich selbst erobern.
*Friedrich Hebbel*

## Über die Ehe

Heirate oder heirate nicht, du wirst beides bereuen.
*Sokrates*

Ehen und Wein haben eines gemeinsam: Die wahre Güte zeigt sich erst nach Jahren.
*William Somerset Maugham*

Mit den Ehen ist es wie mit den Vogelbauern. Die Vögel, die nicht darin sind, wollen mit aller Gewalt hinein, und die, welche darin sind, wollen wieder heraus.
*Michel de Montaigne*

Die Ehe ist der Anfang und der Gipfel aller Kultur.
Sie macht den Rohen mild, und der Gebildetste hat keine bessere Gelegenheit, seine Milde zu beweisen.
*Johann Wolfgang von Goethe*

Die Ehe ist und bleibt die wichtigste Entdeckungsreise, die der Mensch unternehmen kann.
*Sören Kierkegaard*

Eine gute Ehe beruht auf dem Talent zur Freundschaft.
*Friedrich Nietzsche*

Das große Geheimnis jeder guten Ehe ist, jeden Unglücksfall als Zwischenfall und keinen Zwischenfall als Unglücksfall zu behandeln.
*Harold Nicholson*

Vereint wirkt also dieses Paar, was einzeln keinem möglich war.
*Christian Fürchtegott Gellert*

Es ist kein lieblicher, freundlicher und holdseliger Verwandtnis, Gemeinschaft und Gesellschaft denn eine gute Ehe.
*Martin Luther*

Ehen werden im Himmel geschlossen, aber dass sie gut geraten, darauf wird dort nicht gesehen.
*Marie von Ebner-Eschenbach*

... ich merke wohl, im Ehestand muss man sich manchmal streiten, denn dadurch erfährt man etwas voneinander.
*Johann Wolfgang von Goethe*

# Humorvolles und Amüsierliches

Die Heirat ist die einzige lebenslängliche
Verurteilung, bei der man auf Grund
schlechter Führung begnadigt werden kann.
*Alfred Hitchcock*

Es ist der Ehestand, wenn die Adepten fragen,
Der allerschlimmste Stand auf diesem
Erdenrund.
Er ist ein Labyrinth voll Plagen
Und macht für Geist und Leib die Sinne
ungesund.
In diesen Stand sich zu begeben,
ist viel gewagt; wenn ihr glückselig leben
Und selig sterben wollt, so meidet diesen
Stand.
*Johann Jakob Wilhelm Heinse*

Sie hat nichts und du desgleichen;
Dennoch wollt ihr, wie ich sehe,
Zu dem Bund der heil'gen Ehe
Euch bereits die Hände reichen.
Kinder, seid ihr denn bei Sinnen?
Überlegt euch das Kapitel!
Ohne die gehör'gen Mittel
Soll man keinen Krieg beginnen.
*Wilhelm Busch*

Du fragst mich, Kind, was Liebe ist?
Ein Stern in einem Haufen Mist.
*Heinrich Heine*

Liebe ist eine vorübergehende
Geisteskrankheit, die durch Heirat heilbar
ist oder dadurch, dass man den Patienten
den Einflüssen entzieht, unter denen er von
der Krankheit befallen wurde.
*Ambrose Bierce*

Heiraten bedeutet, seine Rechte halbieren
und seine Pflichten verdoppeln.
*Arthur Schopenhauer*

Eine Ehe ist dann wirklich gut, wenn man
tagsüber vergisst, dass man verliebt,
und des Nachts, dass man verheiratet ist.
*Honoré de Balzac*

Alter schützt vor Liebe nicht, aber Liebe vor
dem Altern.
*Coco Chanel*

An Rheumatismus und wahre Liebe glaubt
man erst, wenn man davon befallen wird.
*Marie von Ebner-Eschenbach*

Was Prügel sind, das weiß man schon,
was aber die Liebe ist, das hat noch keiner
herausgebracht.
*Heinrich Heine*

Richtig verheiratet ist der Mann, der jedes Wort
versteht, das seine Frau nicht gesagt hat.
*Alfred Hitchcock*

Kinder, liebt euch untereinander,
wer zum Teufel sollte euch sonst lieben!
*Voltaire*

Liebe ist von allen Krankheiten noch
die gesündeste.
*Euripides*

Die Eheherren sollten künftig die Trauringe
statt auf dem Finger in der Nase tragen,
zum Zeichen, dass sie doch an der Nase
geführt werden.
*Christian Dietrich Grabbe*

Der Text dieses Buches entspricht den Regeln der neuen deutschen Rechtschreibung.

Zum Thema »Hochzeit« sind weitere Titel bei Südwest erschienen. Fragen Sie überall dort, wo es Bücher gibt.

Sie finden uns auch im Internet unter www.randomhouse.de/suedwest

ISBN 3-517-06847-0

© 2005 by Südwest Verlag, einem Unternehmen der Verlagsgruppe Random House GmbH, 81673 München

**Konzeption und Produktion:** Berliner Buchwerkstatt,
Vera Olbricht / Ulrike Sindlinger
**Lektorat:** Berliner Buchwerkstatt, Dr. Marianne Jabs
**Gestaltung:** Berliner Buchwerkstatt, Ulrike Sindlinger
**Illustrationen:** Martin Schulze, Berlin (S. 7, 14, 16, 17, 23, 32 35, 36, 38, 43, 54, 61, 62, 63, 64, 71, 73)
**Umschlaggestaltung:** Reinhard Soll
**Projektkoordination:** Silke Kirsch
**Herstellungskoordination:** Reinhard Soll
**Bildnachweis:** Umschlagfoto: Mauritius, Mittenwald (Botanica) oben; ZEFA, Düsseldorf (Emely) unten; Buch: Corbis/Schweizer 48; dpa/Berg 18; Keystone/Froese 26; Mauritius/age Fotostock 48, -/Stock4B 11; PhotoDisc 28 M., 28 r., 29, 31 l. M., 31 u., 40, 41 r. o., 41 l. M., 41 l. u., 41 r. u., 42 r., 44, 45 M., 45 u., 46, 49, 50, 51, 56; Stockbyte 3, 4, 5, 6, 9, 17, 25, 28 l., 31 o., 31 M., 33, 39, 41 l. o., 42 l., 47, 55, 65, 67, 74; ZEFA Visual/Barton 45 o

Druck und Bindung: Tesinská Tiskárna a.s., Cesky Tesin
Printed in the Czech Republic

817 2635 4453 6271